Stichwort

Rechtsextremismus

Franziska Hundseder

Originalausgabe

WILHELM HEYNE VERLAG
MÜNCHEN

HEYNE SACHBUCH
Nr. 19/4025

REDAKTION:
Gerhard Theato

GRAFIKEN:
Michael Lörcher

KONZEPTION UND REALISATION:
Christine Proske
(Ariadne Buchproduktion)

Printed in Germany 1993
Umschlaggestaltung: Kaselow-Design
Herstellung: H+G Lidl, München
Satz: Satz & Repro Grieb, München
Druck und Verarbeitung: Pressedruck, Augsburg

ISBN 3-453-06536-0

Inhalt

Die Rechte in Europa

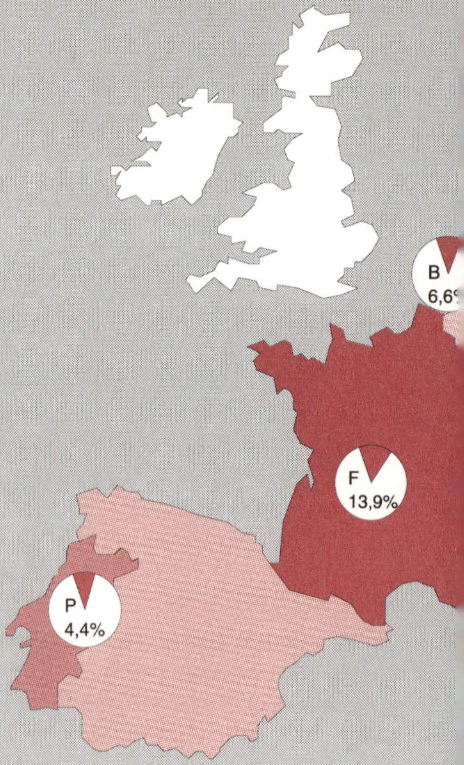

Die vorliegenden Wahlergebnisse sind von 1987 (Portugal) bis 1992 (Frankreich). Den Zahlen zu Deutschland liegt die Bundestagswahl 1990 (Republikaner 2,1 % und NPD 0,3 %) zugrunde. Für die Schweiz und die Türkei geben die Zahlen den Anteil der Sitze rechtsextremer Parteien in den nationalen Parlamenten wieder.

6,4%
Anteile rechtsradikaler Parteien in Europa bei den jeweils letzten landesweiten Wahlen
DK 6,4%
D 2,4%
CH 7,5%
A 16,6%
I 14,2%
TR 4,4%

I. Rechtsextremismus, Neofaschismus, Neue Rechte – eine Begriffsbestimmung

»Die Bestrebungen rechtsextremistischer Organisationen und Personen stellten keine Gefährdung des freiheitlichen demokratischen Rechtsstaats dar.« Dieser Satz stand jahrelang unverändert in den Berichten, die der Verfassungsschutz regelmäßig für das Innenministerium abgibt. 1992 hat sich das geändert. Die Bundesrepublik ist mit einer Herausforderung von rechts konfrontiert, wie es sie seit Kriegsende nicht gegeben hat. Die Namen Rostock und Mölln markierten traurige Höhepunkte einer Welle der Gewalt: Angriffe auf Menschen, Heime von Asylbewerbern, Gedenkstätten oder jüdische Friedhöfe. Terror von rechts ist zu einem Alltagsthema geworden.

Auf parlamentarischer Ebene erzielen rechtsradikale Parteien Erfolge, obwohl sie sich gegenseitig Konkurrenz machen. Seit dem kurzfristigen Aufschwung der Nationaldemokratischen Partei (NPD) Ende der sechziger Jahre hatte es das nicht mehr gegeben. 1994 werden zehn

Rechtsextremismus

Der Kern des Rechtsextremismus ist ein völkischer Nationalismus, der die biologische Abstammung als oberstes Prinzip setzt. Diesem Abstammungsprinzip sind alle anderen Werte untergeordnet. Insbesondere werden die Menschenrechte (Freiheit, Gleichheit, soziale Gerechtigkeit) mißachtet und ein autoritärer Staat (nach dem Führerprinzip) angestrebt. Rechtsextremismus richtet sich somit gegen die Demokratie, das heißt gegen die Prinzipien der verfassungsmäßigen Ordnung in der Bundesrepublik Deutschland.

Freiheitlich demokratische Grundordnung

Das Bundesverfassungsgericht hat die freiheitlich demokratische Grundordnung 1952 folgendermaßen definiert:

»Freiheitlich demokratische Grundordnung im Sinne des Art. 21 Abs. 2 GG ist eine Ordnung, die unter Ausschluß jeglicher Gewalt- und Willkürherrschaft eine rechtsstaatliche Herrschaftsordnung auf der Grundlage der Selbstbestimmung des Volkes nach dem Willen der jeweiligen Mehrheit und der Freiheit und der Gleichheit darstellt. Zu den grundlegenden Prinzipien dieser Ordnung sind mindestens zu rechnen: die Achtung vor den im Grundgesetz konkretisierten Menschenrechten, vor allem vor dem Recht der Persönlichkeit auf Leben und freie Entfaltung, die Volkssouveränität, die Gewaltenteilung, die Verantwortlichkeit der Regierung, die Gesetzmäßigkeit der Verwaltung, die Unabhängigkeit der Gerichte, das Mehrparteienprinzip und die Chancengleichheit für alle politischen Parteien mit dem Recht auf verfassungsmäßige Bildung und Ausübung einer Opposition.«

Landtage, das Europaparlament und der Bundestag neu gewählt.

In der öffentlichen Diskussion verwendet man für das vielschichtige politische Phänomen des *Rechtsextremismus* mehrere Begriffe: Rechtsradikalismus, Neonazismus, Neue Rechte, Neofaschismus. Eine allgemein anerkannte Definition existiert nicht.

Dennoch gibt es charakteristische Merkmale rechtsextremistischer Bestrebungen. Diese Prinzipien hat das Bundesverfassungsgericht im Verbotsurteil der Sozialistischen Reichspartei (SRP) 1952 festgelegt.

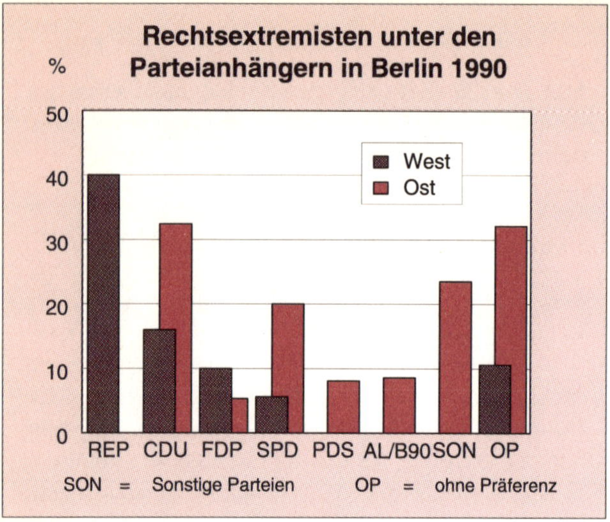

Der Verstoß gegen die damals definierte verfassungsmäßige Ordnung wird auch bei den am 26. November und 8. Dezember 1992 verbotenen Organisationen Nationalistische Front (NF) und Deutsche Alternative (DA) als Begründung angeführt.

Als *rechtsradikal* werden häufig gesellschaftsverändernde Bestrebungen bezeichnet, die innerhalb der verfassungsmäßigen Ordnung bleiben, als rechtsextrem, wenn sie gegen die freiheitlich demokratische Grundordnung gerichtet sind, zum Beispiel die Parlamente abschaffen wollen. Dennoch ist diese Grenzziehung schwierig, und es gibt keinen allgemeinen Konsens, was noch »radikal« und was schon »extrem« ist. Das konnte man beispielsweise an der Behandlung der Republikaner durch den Verfassungsschutz sehen. Nur in Nordrhein-Westfalen und Hamburg waren sie seit 1989 als rechtsextrem eingestuft und dementsprechend mit nachrichtendienstlichen Mitteln beobachtet worden, von den übrigen Landesämtern und vom Bundesamt in Köln hingegen

Rechtsradikalismus

Unter dem Begriff Rechtsradikalismus werden alle politischen Richtungen zusammengefaßt, die von einer demokratiefeindlichen und nationalistischen Grundhaltung geprägt sind, dabei aber gerade noch innerhalb der verfassungsmäßigen Ordnung bleiben. Rechtsradikalismus ist innerhalb einer rechtsstaatlichen Demokratie in der Regel auf eine Veränderung der Gesellschaftsordnung gerichtet.

nicht. Bayerns Innenminister Edmund Stoiber sagte noch im Juni 1992, der Verdacht des Rechtsextremismus habe sich bei der Schönhuberpartei nicht bestätigt. Seit Dezember 1992 werden die Republikaner dennoch bundesweit observiert. Einer Beschwerde der Partei gegen diese Maßnahme in Niedersachsen hat das Verwaltungsgericht in Hannover Anfang Februar 1993 in einer »vorläufigen Entscheidung« stattgegeben. Weitere Klagen waren bei Redaktionsschluß noch anhängig.

Neonazismus

Neonazismus umfaßt im engeren Sinn auf der Weltanschauung und dem Programm der NSDAP fußende Aktivitäten. Neonazis glorifizieren das Dritte Reich und seine Führungspersonen. Sie leugnen die Massenvernichtung von Menschen in den Gaskammern der Konzentrationslager. Als die Gallionsfigur des Neonazismus schlechthin galt seit Ende der siebziger Jahre der ehemalige Bundeswehrleutnant Michael Kühnen, der im April 1991 gestorben ist. Er nannte als Vorbilder »Adolf Hitler, Rudolf Hess, Dr. Goebbels und Ernst Röhm«.

Der *Neonazismus* kann als Fortschreibung des Dritten Reiches in die Gegenwart verstanden werden.

Der *Neuen Rechten* geht es nicht primär um kurzfristige Wahlerfolge, sondern um Einflußnahme auf den politischen Diskurs. Judentum und Christentum gelten ihr als »artfremde« Religionen. Statt dessen predigt sie ein

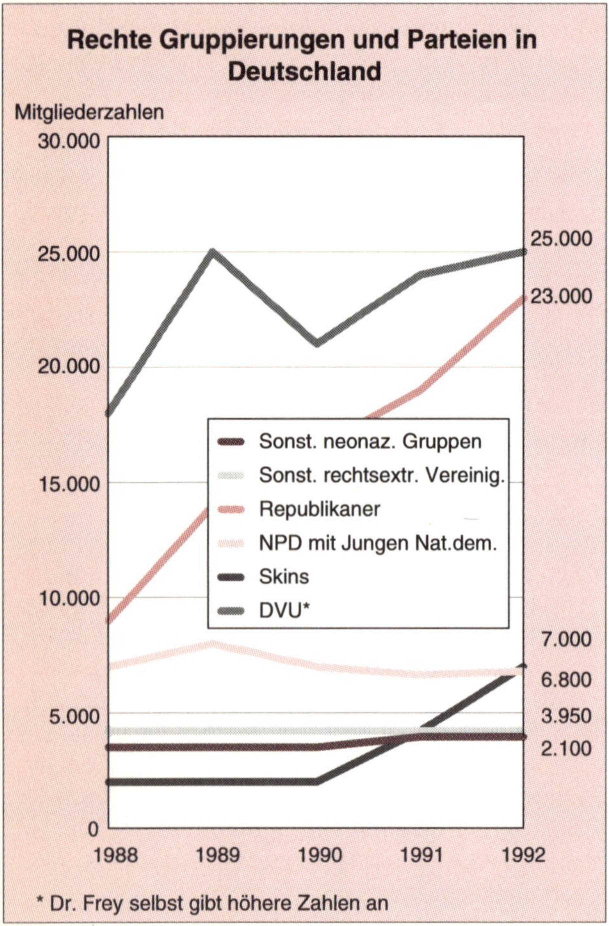

Neue Rechte

Erstens wird als Neue Rechte die junge Generation der bestehenden rechten Organisationen bezeichnet, die ihre politische Prägung nicht – wie etwa die Veteranen von Waffen-SS und NPD – in den Jahren des Nationalsozialismus erhalten haben. Zweitens ist Neue Rechte die deutsche Entsprechung zur französischen »Nouvelle Droite«, die seit den sechziger Jahren versucht, die ideologische Grundlage für eine konservative Kulturrevolution zu schaffen; dabei sollen künstliche Begriffe wie »Ethnopluralismus«, »Wodka-Cola-Imperialismus« oder auch »Befreiungsnationalismus« in die politische Diskussion eingeführt werden.

neues germanisches Heidentum. Ihre Strategie zielt auf Multiplikatoren, auf einen Marsch durch die Institutionen und auf Gesprächskreise um Zeitschriften oder Zirkel an Universitäten. Die jährlichen Berichte des Verfassungsschutzes befassen sich kaum mit der Neuen Rechten (Ausnahme z. B. Jahresbericht 1977).

Neofaschismus

Neofaschismus ist ein oft verwendeter aber wenig aussagekräftiger Begriff, der im Grunde lediglich eine wie auch immer geartete »rechte« politische Einstellung der Gegenwart bezeichnet. Wer ihn verwendet, möchte meist auch zum Ausdruck bringen, daß er Faschismus als Produkt kapitalistischer Herrschaftsverhältnisse versteht. Der Begriff wird in letzter Zeit weniger gebraucht, denn offenbar konnte Rechtsextremismus auch unter nichtkapitalistischen Bedingungen entstehen.

II. Parteien

Die Parteienlandschaft am rechten Rand ist durch eine starke Zersplitterung gekennzeichnet. Schon seit dem Ende der vierziger Jahre ist die Geschichte der extremen Rechten in der Bundesrepublik auch eine Geschichte von Einigungsbestrebungen mit unterschiedlichem Erfolg. Zu den Sammlungsbewegungen, die sich auf die Dauer behaupten konnten, gehören die NPD und die Deutsche Volks-Union.

1. Die Sozialistische Reichspartei (SRP)

Nach der Befreiung vom Nationalsozialismus waren die Möglichkeiten parteipolitischer Betätigung für bestimmte Personengruppen, wie etwa Soldaten, stark eingeschränkt. Zunächst durften sich ehemalige Wehrmachtsangehörige nicht zusammenschließen, neue militärische Verbände nicht gegründet werden. 1949 wurden die diesbezüglichen Proklamationen des alliierten Kontrollrats aufgehoben. Es entwickelten sich rasch Interessenverbände, die sich vor allem um soziale und versorgungsrechtliche Probleme ehemaliger Soldaten kümmerten. 1950 entstand der Schutzbund ehemaliger Deutscher Soldaten, der dann die »Deutsche Soldatenzeitung«, den Vorläufer der »Deutschen National-Zeitung«, herausbrachte.

Im Oktober 1949 entschloß sich eine Gruppe von Nationalsozialisten, die meisten von ihnen ehemalige SS- oder Wehrmachtsangehörige, die ihren Anschauungen treu geblieben waren, die *Sozialistische Reichspartei (SRP)* zu gründen. Ihre programmatische Grundlage beruhte eigentlich auf dem runderneuerten Parteiprogramm der NSDAP, wobei man allerdings ein paar zentrale Begriffe vermied, im Grunde aber eben einen neuen Aufguß fabrizierte. So wurden die »Wiederherstellung von Ehre, Recht und Ordnung in Deutschland«, »Treue zum Reich« und der »Schutz der Ehre des deutschen Soldaten« gefordert. Außerdem erhob die SRP einen »Anspruch auf die Gesamtheit des Reichsraumes«, also auch auf die ehemaligen deutschen Ostgebiete.

Von der Mitgliederstruktur her war die SRP eine sehr junge Partei, über die Hälfte ihrer Mitglieder war zwischen 20 und 40 Jahre alt. Viele Mitglieder (ca. 90 Prozent) kamen aus der ehemaligen Wehrmacht und waren arbeitslos, sie fühlten sich sozial deklassiert. Einen berufsgruppenspezifischen Schwerpunkt, etwa bei Handwerkern, gab es nicht, aber einen regionalen: Am mitgliederstärksten war die SRP in Niedersachsen. Zu ihren bekanntesten Funktionären zählte der bis heute politisch aktive Generalmajor a. D. Otto Ernst Remer, Jahrgang 1912, aus Bad Kissingen. Er gründete später *Die Deutsche Freiheitsbewegung e.V. (DDF)*, die heute noch die Zeitschrift »Recht und Wahrheit« mit einer Auflage von mehreren tausend Exemplaren herausgibt. Der größte Teil der Leserschaft setzt sich aus »alten Kameraden« zusammen.

Am 19. November 1951 stellte die Bundesregierung

Sozialistische Reichspartei (SRP)

Die SRP war eine 1949 gegründete Partei, die in vielfacher Hinsicht als Auffangbecken für die einstige NSDAP-Gefolgschaft – vor allem aus den Reihen der Wehrmacht – gesehen werden konnte. Insbesondere orientierte sie sich in ihrem Parteiprogramm deutlich am Programm der NSDAP. Sie zählte zeitweise annähernd 10.000 Mitglieder, von denen jeder zweite das Dritte Reich als Jugendlicher erlebt hatte. 1952 wurde die Partei vom Bundesverfassungsgericht für verfassungswidrig erklärt und aufgelöst.

den Antrag auf Verfassungswidrigkeit der SRP. Diesem Antrag gab das Bundesverfassungsgericht statt: Die Partei wurde im Oktober 1952 wegen ihrer Wesensverwandtschaft mit Programm, Vorstellungswelt und Gesamtstil der NSDAP verboten.

Doch die Aktivisten der SRP, unter ihnen ehemalige Offiziere von SS und SA, völkische Dichter, höhere Funktionäre von NS-Organisationen, gaben nicht auf. Zunächst fanden etliche von ihnen in der *Deutschen Reichspartei (DRP)* eine neue politische Heimat. Aber die DRP ging bei Wahlen nahezu leer aus, 1953 bekam sie 1,1 Prozent der Stimmen, 1961 sank sie sogar unter ein Prozent. Um endlich auch parlamentarische Erfolge erzielen zu können, entschlossen sich die Strategen zur Gründung einer neuen Partei – diesmal unter formal demokratischen Vorzeichen. 1964 war es soweit: Die Nationaldemokratische Partei (NPD) wurde als nationale Sammlungsbewegung aus der Taufe gehoben.

2. Die Nationaldemokratische Partei Deutschlands (NPD)

In den ersten acht Jahren ihres Bestehens erlebte die *Nationaldemokratische Partei Deutschlands (NPD)* durch den Einzug in sieben Länderparlamente ihre bisher größten Erfolge, aber auch wieder den abrupten Abstieg in die Bedeutungslosigkeit. Nur eine Wahlperiode lang hatte schließlich der parlamentarische Höhenflug der NPD gedauert.

Die Initiative zur Gründung ging zwar hauptsächlich von ehemaligen Funktionären der erfolglos operierenden DRP aus, aber auch Personen aus der Gesamtdeutschen Partei, der Deutschen Partei und anderen Splittergruppen waren mit von der Partie. Acht von 18 Führungspersonen der ersten NPD-Riege stammten aus den Reihen der DRP. Der eigentliche Zweck der Parteigründung war es, die

Nationaldemokratische Partei Deutschlands (NPD)

Im November 1964 gegründet, profitierte die NPD erheblich von der ersten wirtschaftlichen Rezession der Bundesrepublik und deren sozialen Folgen. Die Partei, die anfangs personell stark an die längst verbotene Deutsche Reichspartei anknüpfte, wurde bald in sieben Landtage gewählt, und die Mitgliederzahl stieg auf 29.000. Nachdem sie 1969 mit 4,3 Prozent der Stimmen den Einzug in den Bundestag knapp verfehlte, kam es zu internen Auseinandersetzungen, die Landtagsmandate gingen verloren, und die Partei wurde – auch infolge mehrerer Abspaltungen – politisch bedeutungslos. Sie hat heute noch etwa 7.000 Mitglieder.

Zersplitterung des nationalen Lagers aufzuheben. Schon nach den ersten Monaten nahm die NPD einen enormen organisatorischen Aufschwung. Auf die nach außen sichtbaren Positionen setzte man politisch wenig vorbelastete Personen, während der Parteiapparat selbst unter der Führung der bewährten DRP-Riege stand. Man ging von der Überlegung aus, daß eine Partei, die Erfolge bringen soll, vom Ruch des Nationalsozialismus befreit sein müsse. Daher suchte man nach einem Vorsitzenden mit repräsentativen Qualitäten und fand ihn in dem Bremer Unternehmer Fritz Thielen, der von der CDU und der Deutschen Partei (DP) kam. De facto führte aber Adolf von Thadden, Jahrgang 1921, vormals NSDAP und DRP, als stellvertretender Vorsitzender die Partei.

Fiel der Niedergang der SRP – sie war zum Zeitpunkt ihres Verbots schon stark geschrumpft – mit dem beginnenden Wirtschaftsaufschwung Anfang der fünfziger Jahre zusammen, so profitierte die NPD von sozialen

Ängsten Mitte der sechziger Jahre. Das Einsetzen einer Rezession löste Befürchtungen aus, das »Wirtschaftswunder« könne zu Ende sein und die Krisen der zwanziger Jahre kämen wieder. Außerdem ging die CDU/CSU, die viele aus den Ostgebieten Vertriebene integrierte, 1966 eine Koalition mit der SPD ein.

Vor diesem Hintergrund gelang der NPD bei Landtagswahlen ab 1966 der Durchbruch. In Bayern (7,4 Prozent) und Hessen (7,9 Prozent) erreichte sie etwa die Stärke der FDP. In Baden-Württemberg kam sie 1968 auf 9,8 Prozent und saß mit zwölf Abgeordneten im Landtag. Bei der Bundestagswahl 1969 scheiterte sie mit 4,3 Prozent der Stimmen an der Fünfprozenthürde. Ihre Mitgliederzahl hatte sich von 250 bei der Gründung auf 29.000 nach fünf Jahren erhöht.

Ab Herbst 1969 kam es zu internen Kämpfen zwischen einem gemäßigten Flügel, der die Annäherung an konservative Kreise suchte, und einem aktionistischen, der vorher nur im Hinblick auf die Wahl, für die allgemein mit einem Einzug der NPD in den Bundestag gerechnet worden war, mühsam im Zaum hatte gehalten werden können. 1970 brach der Konflikt offen aus, insbesondere junge Nationaldemokraten formierten eine Opposition. Es kam zu zahlreichen Abspaltungen.

Eine der bedeutendsten Neugründungen war die *Aktion Widerstand*, gerichtet gegen die neue Politik der Verständigung mit dem Osten. Insgesamt 34 Gruppen oder Organisationen fanden sich in diesem Bündnis zusammen. Eine Demonstration der Aktion Widerstand am Vorabend des Zusammentreffens von Willy Brandt mit Willi Stoph in Kassel im Mai 1970 wurde als Fanal der nationalen Opposition gewertet, als Geburt einer Einheitsfront der extremen Rechten, einer »rechten APO«. Mitunterzeichner des Gründungsaufrufs der Aktion Widerstand waren die Wiking-Jugend e.V., der Bund Heimattreuer Jugend und das Deutsche Kulturwerk europäischen Geistes.

1970 erlebte die NPD etliche Wahlschlappen, beispielsweise bei den Landtagswahlen in Nordrhein-Westfalen (1,1 Prozent), Niedersachsen (3,2 Prozent) und im Saarland (3,4 Prozent). Damit war der legalistische Kurs für aktionsbereite Mitglieder passé. Sie verließen die Partei und bildeten allein 1971 drei neue Gruppen, die später von sich reden machen sollten, die *Volkssozialistische Bewegung Deutschlands/Partei der Arbeit* (1981 verboten), die *Deutsche Bürgerinitiative* von Manfred Roeder und die *Bürger- und Bauerninitiative* von Thies Christophersen. Als Sammlungsbewegung, vor allem für betagte Mitstreiter, konstituierte sich die *Deutsche Volks-Union (DVU).*

Mit einem Rundschreiben vom 14. Juni 1977 gab die NPD selbst zu, »kein politischer Faktor« mehr zu sein. Die Mitgliederzahl sank in diesem Jahr auf 9.000. Während die NPD 1971 noch mit 426 Abgeordneten in Kommunalvertretungen präsent gewesen war, hatte sie Ende 1977 nur noch 31 Mandate. Es folgten Jahre der Stagnation. Die Partei konnte nur noch in wenigen Orten einzelne Vertreter in Kommunalparlamente entsenden, bis bei der hessischen Kommunalwahl am 12. März 1989 erneut ein Durchbruch gelang. Die Nationaldemokraten kamen in Frankfurt am Main auf 6,6 Prozent der Wählerstimmen und zogen mit sieben Abgeordneten in den »Römer« ein.

Immer wieder versucht die NPD, aus ihrer Isolation auszubrechen und an neue Bevölkerungskreise heranzukommen. So hat sie zum Beispiel berufsgruppenspezifische Verbände gebildet wie einen *Nationaldemokratischen Unternehmerverband – Mittelstandsvereinigung der NPD*, eine *Arbeitsgemeinschaft nationaldemokratischer Akademiker*, einen *Juristenverband*, einen *Apothekerverband* und neuerdings einen *Kunstkreis*. Außerdem lädt sie über ihr nahestehende Vereinigungen wie den *Rhein-Ruhr-Kreis* oder den Freundeskreis *Ein Herz für Deutschland* Personen ein, die sich nicht offen zur NPD bekennen wollen, und bringt sie mit führenden Köpfen zusammen. So referierte beispielsweise am 12. März 1992 in Stuttgart der frühere Rechtsanwalt Manfred Roeder, der wegen Rädelsführerschaft in einer terroristischen Vereinigung zu dreizehn Jahren Haft verurteilt worden war, aber bereits wieder auf freiem Fuß ist.

Seit der Wahl von Günter Deckert zum Bundesvorsitzenden verfolgt die NPD einen deutlich härteren Kurs als vorher. So hatte die frühere Führung unter Martin Mussgnug Vorbehalte gegenüber der militanten Wiking-Jugend, die in der Tradition der Hitler-Jugend steht. Deckert akzeptiert sie dagegen ganz offiziell, indem er zu ihren Bundestreffen fährt.

Bei einer Tagung des NPD-Bundeshauptausschusses Ende Mai 1992 stellte der Parteivorstand den Entwurf eines »Nationaldemokratischen Manifests« vor, welches das bisherige Parteiprogramm ersetzen soll. Darin werden beispielsweise multikulturelle Gesellschaften als kulturlos abgelehnt, und es wird behauptet, der innere Friede in Deutschland sei durch Zuwanderung gefährdet.

Die Mitgliederzahl der NPD liegt heute zwischen 6.000 und 7.000. Zuwachs bekommt sie vor allem in den östlichen Bundesländern, und dort am meisten in Sachsen.

Finanziell steckt die Partei ständig in Nöten. Zwar konnte ein akuter Notstand 1991 nochmal beseitigt werden, indem die NPD einen Einzelspender fand, der ihr mit 150.000 Mark aus der Patsche geholfen haben soll. Dennoch gehört eine desolate Finanzsituation zum Dauerzustand. So bezeichnet sich der Landesverband Baden-Württemberg mit Schreiben vom 15. Dezember 1992 – womöglich in weiser Voraussicht – als »besitz- und mittellos«. Im Januar 1993 ließ der Landtag die Konten pfänden. Entsprechend dem Stimmenanteil von 2,1 Prozent bei den Landtagswahlen 1988 hatte die NPD nämlich 438.000 Mark als Vorschuß auf die Wahlkampfkostenerstattung erhalten. Da sie aber 1992 nur 0,9 Prozent der Stimmen erhielt und so nicht den Mindeststimmenanteil erreichte, wurde die Rückzahlung in voller Höhe fällig. Damit ist die NPD in Baden-Württemberg auch finanziell am Ende.

Junge Nationaldemokraten (JN)

Im November 1965 hatte sich der Bundesvorstand der NPD entschlossen, eine Jugendorganisation mit entsprechenden Gruppen auf Kreisebene zu bilden. Doch das Verhältnis zwischen der Partei und ihrem Jugendverband blieb problematisch. Die *Jungen Nationaldemokraten* verstehen sich als »nationalistische Kampforganisation«, die Mutterpartei ist ihnen zu wenig engagiert.

Etwa seit der deutschen Vereinigung ist bei den JN eine Radikalisierung zu beobachten. In der JN-Zeitschrift »Einheit und Kampf« wird als Ziel umrissen, daß die JN »zu einer aktivistischen, höchstmobilen, völlig entbürokratisierten, autonomen Gruppe von politisch Militanten« werden müßten.

Beim Bundeskongreß im Januar 1992 in Frankfurt am Main sagte der Vorsitzende Erhard Hübschen, die Mitgliederzahl sei nach Karteibereinigung auf unter 400 (1991: 550) gesunken. In jüngster Zeit kam es wegen des autoritären Führungsstils des neuen Parteivorsitzenden Deckert, der einst selbst die JN anführte, zu Differenzen.

Nationaldemokratischer Hochschulbund (NHB)

Der 1967 in Tübingen gegründete *Nationaldemokratische Hochschulbund* konnte nicht das erhoffte Gegengewicht zur Studentenbewegung bilden. 1968 war er an 17 Universitäten mit Gruppen vertreten und hatte etwa 250 Mitglieder. Zulauf und Unterstützung bekam er aus den Reihen korporierter Studenten. »Viele Angehörige farbentragender studentischer Verbände« hätten sich dem NHB angeschlossen, eine Vereinigung alter Burschenschafter gehöre geschlossen der NPD an, heißt es in den »Deutschen Nachrichten«, dem früheren NPD-Organ. In den siebziger Jahren hatten Burschenschafter der Münchner *Danubia* ein inniges Verhältnis zu den nationaldemokratischen Studenten.

Heute versteht sich der NHB als »Keimzelle« einer »anderen Republik«. Laut Selbstdarstellung will er den »Kampf gegen ein Herrschaftssystem, das unter dem Deckmantel schwülstiger Parolen... das deutsche Volk, in dessen Namen die Politiker regieren, insgeheim verachtet und verhöhnt«, und den »Kampf gegen eine Ausländerpolitik, die die Deutschen durch den Umbau unseres Landes in eine multirassische Gesellschaft zu einem Sklavenhaltervolk machen will«. Eine Zeitlang erschien der »NHB-Report« (1987 eingestellt) als Mitteilungsblatt, heute die »Vorderste Front« (seit 1990). In Nr. 3 wird der Nationalsozialismus als »nostalgisch und objektiv reaktionär« abgelehnt. Der Krieger von heute sei der »revolutionäre Nationalist«. Der NHB hatte 1991 etwa 50 Mitglieder.

3. Die Deutsche Volks-Union (DVU)

»Alle vier Jahre wieder«, amüsierte sich 1964 Dr. Gerhard Michael Frey über die Gründung der NPD, »wollen sich die Nationalen zusammentun und laufen doch wieder auseinander.« 25 Jahre später hat Frey, Jahrgang 1933, es selber gewagt, zur nationalen Sammlung zu blasen. Gemeinsam mit der NPD wollte er 1990 mit dem Wahlbündnis DVU – Liste D den Durchmarsch ins Europaparlament schaffen. »Soviel läßt sich schon heute sagen«, prophezeite eines der Frey-Blätter im Februar 1989, »daß am 18. Juni die *Deutsche Volks-Union* die Fünfprozenthürde überspringt und in Zukunft im Europaparlament deutsche Interessen vertreten will.« Doch es kam anders. Zwar butterte Frey Millionen in den Wahlkampf, den Rahm schöpfte aber sein ärgster Rivale Franz Schönhuber mit den Republikanern ab.

Unumstritten war das Bündnis DVU-NPD in den eigenen Reihen nicht. Kritiker warfen Frey, dem Sproß einer Kaufmannsfamilie aus dem oberpfälzischen Cham vor, er sei ein nationaler Beutelschneider. Politik sei ihm lediglich Mittel zum finanziellen Zweck. Frey betreibt in der Tat einen einträglichen Handel mit allerlei Dingen, die das nationale Herz begehrt. Angeboten werden beispielsweise Medaillenserien wie »Große Deutsche« mit den Konterfeis von Fliegeroberst Hans-Ulrich Rudel, Hitler-Stellvertreter Rudolf Hess oder Mussolini-Befreier Otto Skorzeny und »Deutsche Heimat« in Form von Schlesien-, Ostpreußen- oder Sudetenland-Medaillen. Ende 1992 bis zum »Reichsgründungstag« am 18. Januar 1993 gab es Sonderpreise für diese Stücke (Gold statt 468 nur 386 Mark, Silber 98 statt 118 Mark). »Wer will, daß Deutschland das Land der Deutschen bleibt, der sollte jetzt ›Ja‹ sagen zu unserem Volk«, wurde unverhohlen im redaktionellen Teil der Deutschen Wochenzeitung zum Kauf aufgefordert. Die »Deutschen Medaillen« böten hierzu Gelegenheit.

Frey sorgt auch für rechte Stimmungsmusik: »Wenn wir marschieren«, »Lieder unserer Fallschirmjäger« oder »Lieder, die wir einst sangen« sind Titel der Langspielplatten aus seinem Sortiment. Daneben gibt es eine Videoproduktion mit Filmen wie »Triumph von Passau« (1988), »Deutschland, Deutschland über alles« (1992), »Endkampf um das Reich im Osten« oder »Die Leibstandarte Adolf Hitler«. Reichskriegsflagge, Reichsflagge und Deutschland-Fahne werden ebenso verkauft wie Kalender (»Der traditionelle Jahresweiser für alle Deutschdenkenden«), Landkarten und natürlich Bücher. Wenn Nationalgesinnte eine Reise tun wollen, dann sind sie ebenfalls bei Frey an der richtigen Adresse. Mit der »Deutschen Reisen FZ-Verlag GmbH« konnte man beispielsweise nach Südwestafrika fahren, »wo einst die Soldaten der deutschen Schutztruppe gegen die aufständischen Hottentotten kämpften«.

Früh zog es Gerhard Frey in die Politik. Zwar hatte er ein Faible für alles Militärische, doch der aktive Dienst bei der Bundeswehr blieb ihm verwehrt. Nach dem Studium fing er zunächst als freier Mitarbeiter bei der »Deutschen Soldaten-Zeitung« an. 1958 gründete der Hobby-Schütze die DSZ-Verlags GmbH zur Sanierung des angeschlagenen Blattes, das später in »Deutsche National-Zeitung (DNZ)« umbenannt wurde – in Erinnerung an das gleichnamige Organ, das Bismarcks Politik maßgeblich gefördert hatte. Seit 1959 ist er Chefredakteur und Herausgeber der DNZ, von der der SPD-Jurist Adolf Arndt einst sagte, sie habe die Sprache der potentiellen Mörder von morgen. Frey brachte das Blatt auf Vordermann, die Auflage schnellte nach oben, und heute ist die DNZ eine der größten Wochenzeitungen nach der »Zeit«. Mit DNZ und Deutscher Wochen-Zeitung, die nicht Parteizeitungen sein sollen, verfügt Frey über das größte und einflußreichste rechtsextremistische Presseimperium. Die Auflage beträgt über 100.000 Exemplare.

Gegründet wurde die Deutsche Volks-Union schon 1971. Doch Partei ist sie erst seit 1987 als DVU – Liste D. Um Ideen ist Gerhard Frey nie verlegen, ob es um die Erweiterung seines Warenangebots oder um Dachorganisationen wie den Freiheitlichen Rat (1972) geht. Wirksamkeit und Einnahmen seines Unternehmens steigerte Frey durch die Gründung sogenannter Aktionsgemeinschaften: 1979 Volksbewegung für Generalamnestie (VOGA), 1980 Initiative für Ausländerbegrenzung, 1981 Aktion deutsches Radio und Fernsehen (ARF), 1982 Ehrenbund Rudel – Gemeinschaft zum Schutz der Frontsoldaten (ER), Deutscher Schutzbund für Volk und Kultur und Aktion Oder-Neiße (AKON). Bei diesen Klubs gibt es häufig Mehrfachmitgliedschaften (Monatsbeiträge: DVU e.V. fünf Mark, Aktionsgemeinschaften je drei Mark). Laut Verfassungsschutz liegen die Mitgliederzahlen bei 25.000, Dr. Frey selbst gibt höhere an. Inzwischen

Deutsche Volks-Union (DVU)

Im Jahre 1987 wurde die DVU als Partei gegründet, nachdem sie bereits seit 1971 als nominell »überparteiliche Bewegung« bestanden hatte. Von Anfang an wurde die DVU von dem rechtsradikalen Verleger Gerhard Frey und dessen Blättern wie Deutsche National-Zeitung und Deutsche Wochen-Zeitung massiv unterstützt. Mit gewaltigem finanziellem und publizistischem Aufwand erreichte die Partei schnell erste politische Erfolge auf kommunaler und landespolitischer Ebene. Heute ist die DVU unter anderem in der Bremer Bürgerschaft und im schleswig-holsteinischen Landtag vertreten.

konnte die DVU auch in allen neuen Bundesländern, zuletzt in Mecklenburg-Vorpommern im Sommer 1992, Landesverbände gründen.

Alljährlich läßt sich der Parteivorsitzende bei einer Großkundgebung in der Passauer Nibelungenhalle feiern, zu der auch Besucher aus dem Ausland pilgern, aus Südtirol, Österreich und neuerdings aus den ehemals deutschen Ostgebieten. Längst hat die Deutsche Volks-Union Kontakte zur deutschstämmigen Bevölkerung in Polen und im russischen Ostpreußen geknüpft. Bei einer DVU-Kundgebung 1992 im thüringischen Mülhausen erklärte der Vorsitzende der *Liberaldemokratischen Partei Rußlands*, Wladimir Schirinowskij, seine Partei werde ihren Einfluß geltend machen, um die ostpreußische Frage im Sinne Deutschlands zu klären.

Die Agitation der DVU richtet sich vor allem gegen Ausländer, insbesondere gegen spezielle Gruppen wie Asylbewerber, Sinti, Roma und Polen. Besondere Wirkung wird durch die Wiederholung aggressiver nationalistischer und revisionistischer Thesen in den beiden Zeitungen erzielt. »Deutschland den Deutschen«, »deutsche Arbeitsplätze für deutsche Arbeitnehmer«, »Deutschland zuerst«, »Schluß mit den ständigen Schuldzuweisungen«, das sind Slogans aus DVU-Wahlkämpfen.

Seit 1987 hat die DVU auch parlamentarische Erfolge. Damals zog Hans Altermann in die Bremer Bürgerschaft und die Bremerhavener Stadtverordnetenversammlung ein. Bei der Bürgerschaftswahl 1991 kam die DVU, auf deren Liste auch Nationaldemokraten kandidierten, durch massiven materiellen Wahlkampfeinsatz auf 6,2 Prozent. Damit erhielt sie sechs Mandate und erreichte Fraktionsstärke (Bremerhaven 10,3 Prozent und damit fünf Mandate). Doch mittlerweile ist Altermann aus der DVU ausgetreten. Er hat sich der Deutschen Liga für Volk und Heimat genähert, sitzt aber als Fraktionsloser im Parlament. 1988 hatte ihm Frey noch die Ehrenmitgliedschaft in der Deutschen Volks-Union wegen seiner »so großherzigen und beispielgebenden Hilfe für die deutsche Sache« angetragen. Vor der Wahl von 1991 wurde Altermann in der Deutschen Wochenzeitung als »mit Abstand fleißigster Abgeordneter in der Bürgerschaft« gelobt. Nach seinem Austritt schrieb ihm die DVU: »Sie führen wieder das Ihnen zukommende Dasein eines schweigenden Hinterbänklers.«

Seit der Landtagswahl in Schleswig-Holstein am 5. April 1992 sitzt die DVU mit sechs Abgeordneten im Kieler Parlament (6,3 Prozent). Dort wollte sie zum Beispiel eine Vorlage mit der Forderung nach »Reinigung von Schulbüchern von antideutschem Schmutz und Schund« einbringen. Vor allem beschäftigen sich die Anträge und Anfragen mit der Asylproblematik, mit der Europäischen Gemeinschaft und den Verträgen von Maastricht. Die DVU-Abgeordneten beziehen eine monatliche Entschädigung von 6.360 Mark. Die Fraktion bekommt 1992 rund 727.000 Mark für ihre Arbeit, 1993 werden es 1,15 Millionen sein.

4. Die Republikaner

Die Republikaner formierten sich 1983 durch Abspaltung von der CSU. Der damalige Bundestagsabgeordnete Franz Handlos hatte sich nach der Vermittlung eines Milliardenkredits an die DDR durch Franz Josef Strauß mit diesem überworfen und war aus der Partei ausgetreten. Gemeinsam mit Ekkehard Voigt, dem Sprecher des »Wehrpolitischen Arbeitskreises« der CSU, und dem Journalisten Franz Schönhuber gründete er am 26. November 1983 die Partei *Die Republikaner.* Bei der bayerischen Landtagswahl im Oktober 1986 erhielt sie auf Anhieb drei Prozent der Wählerstimmen.

Dennoch galt die Partei bis 1989 eher als weißblauer Kuriositätenclub, der im übrigen Bundesgebiet nicht sehr ernst genommen wurde. Seit ihren Erfolgen bei den Wahlen zum Berliner Abgeordnetenhaus und zum Europaparlament waren die Republikaner dann allerdings in aller Munde. Für die meisten Wahlbeobachter unerwartet, bekamen die Republikaner im Januar 1989 in Berlin 7,5 Prozent der Stimmen. Daran schlossen sich Erfolge bei Kommunalwahlen in Hessen, Rheinland-Pfalz und Nordrhein-Westfalen an. Bei der Europawahl im Juni 1989 erreichten die Republikaner 7,1 Prozent und zogen mit sechs Abgeordneten ins Europaparlament ein. Dieses Wahlergebnis brachte allein 16 Millionen Mark an Wahlkampfkostenerstattung. Damit konnten Geschäftsstellen eingerichtet, hauptamtliche Mitarbeiter eingestellt und die Bürokommunikation verbessert werden.

Lediglich ein Fünftel der Wähler der Republikaner könnte man nach Angaben der Forschungsgruppe Wahlen als »in der Wolle gefärbte Rechtsextremisten« bezeichnen, das heißt als Menschen, die über ein ideologisch gefestigtes Weltbild verfügen. Etwa zwei Drittel stimmen aus Protest gegen die Bonner Parteien für die Republikaner. Von den Zielen und vom Programm wissen sie kaum etwas. Nahezu doppelt so viele Männer wie Frauen wählen die Republikaner; den höchsten Wähleranteil schöpfen letztere in der Altersgruppe der 18- bis 24jährigen Jungwähler ab.

Nach dem parlamentarischen Durchmarsch 1989 ging es freilich schnell wieder bergab. Die Republikaner wurden von innerparteilichen Querelen gebeutelt. Im Mai 1990 trat Schönhuber sogar kurzzeitig als Vorsitzender zurück. Eine Gretchenfrage für die Zukunft der Partei war die Beobachtung durch den Verfassungsschutz. Zwei Jahre lang, von Anfang 1990 bis Ende 1992, befand sich das Bundesamt in der »Prüfphase«. Die Behandlung durch die Kölner Behörde war das wichtigste Unterscheidungsmerkmal zu den anderen Parteien am rechten Rand. Während NPD und DVU in den jährlichen Berichten aufgeführt wurden, tauchten die Republikaner darin nicht auf.

Dafür hatte Parteichef Schönhuber etliche »braune Kameraden« »durch den Rost fallen lassen«. So mancher Nationaldemokrat oder frustrierte Anhänger einer neonazistischen Minigruppe hatte sich einst der Aufsteigerpartei angeschlossen und auch Karriere gemacht, denn die Personaldecke war dünn, und es gab viele Posten zu besetzen. Martin Mussgnug, der langjährige NPD-Vorsitzende, wollte viel Wohlwollen bei den Republikaner-Mitgliedern festgestellt haben: »Innerhalb der Republikaner gibt es viele Funktionsträger und Mitglieder, die im politischen Bereich durchaus dasselbe vertreten wie die NPD, sich aber bei den Republikanern mehr Aussichten versprechen als bei der NPD.« Was Schönhuber als Säuberung ausgab, sahen andere mehr als das Ausschalten unliebsamer Kritiker, die den Führungsstil des Vorsitzenden angegriffen hatten. Schließlich kannte der Parteichef beispielsweise schon vorher die politische Vergangenheit von Harald Neubauer, einem der Geschaßten: Neubauer hatte man 1985 angeworben. Er war zuvor Pressereferent

Die Republikaner

Ehemalige Mitglieder der CSU schlossen sich im Jahre 1983 in der stark rechtslastigen neuen Partei der »Republikaner« zusammen. Zunächst angeführt von den einstigen CSU-Abgeordneten Franz Handlos und Ekkehard Voigt sowie dem Journalisten Franz Schönhuber, erreichte sie schnell erste Erfolge, insbesondere im Süden der Bundesrepublik Deutschland. Ab 1989 errang die Partei bei der Europawahl sowie bei Kommunal- und Landtagswahlen teilweise über sieben Prozent der Stimmen und konnte im April 1992 mit 15 Abgeordneten in den baden-württembergischen Landtag einziehen. Seit Ende 1992 werden die Republikaner vom Verfassungsschutz bundesweit mit nachrichtendienstlichen Mitteln beobachtet.

des NPD-Bezirksverbands München-Oberbayern gewesen sowie zwölf Jahre rechte Hand von Gerhard Frey.

Nach den Wahlerfolgen von 1989 wurde der Ruf nach einer Rundumerneuerung der Partei laut. Modern, seriös und tolerant – so sollte das neue Profil der Republikaner aussehen. Das Image »fingerhakelnder Holzhackerbuam« sollte verschwinden. Auch Franz Schönhuber war fortan um staatsmännisches Format bemüht. Beim Rosenheimer Parteitag 1990 wurde ein neues Programm verabschiedet, das der Partei ein verändertes Profil geben sollte. Große Neuigkeiten im Inhalt bietet das neue Programm nicht. Es handelt sich eher um eine bereinigte Fassung des alten Textes. Anrüchige Forderungen und ewiggestrige Formulierungen wurden entfernt. So war früher noch der Vordenker für ein nationalsozialistisches Europa, Paul de Lagarde, zitiert worden. Der hatte schon um die Mitte des vorigen Jahrhunderts vom »entjudeten« Imperialraum geträumt. Auch die Forderung nach »Erhaltung des

Bestandes des deutschen Volkes, seiner Gesundheit und seines ökologischen Lebensraumes« wurde gestrichen: Das NS-Schlagwort »Lebensraum« für die Ausdehnung des Dritten Reiches nach Osten paßt nicht mehr zu dem absichtlich moderat gehaltenen Erscheinungsbild.

Die Republikaner wollen sich als junge, zukunftsträchtige Partei für das Jahr 2000 präsentieren, die in einem klaren Kontrast zur angeblichen Dekadenz der Bonner Parteien stehen soll. Doch es fehlt am intellektuellen Unterbau. Schönhuber weiß ganz genau, daß das geistige Niveau seiner als Stammtischgesellschaft verschrienen Partei dringend angehoben werden muß, will er weiter auf der Erfolgsschiene bleiben. Auf vorzeigbare Mitglieder, seriöse Wissenschaftler und Politiker kommt es ihm an. Braune Trittbrettfahrer und geistesschwache Schlaumeier sind dem angestrebten Ruf als ernstzunehmende nationale Patriotenpartei abträglich.

Mit der parteinahen *Carl-Schurz-Stiftung i. G.* (in Gründung) gelang so ein Intellektuellen-Coup. Der Vorsitzende ist Dr. Hans Hausberger, ein Kölner Unternehmensberater, kein Parteimitglied, aber absolut »ein Mann Schönhubers«, wie er selbst sagt. In einem Papier zur Lagebeurteilung mit Datum vom 14. Mai 1990 – also nach den Wahlschlappen der Republikaner in Nordrhein-Westfalen und Niedersachsen entstanden – fordert Hausberger eine innerparteiliche Säuberungsaktion, deren Kriterium auch die Loyalität gegenüber Schönhuber sein müsse, den er »einen Bundesvorsitzenden von wahrhaft historischem Gewicht« nennt. Hausberger brüstet sich mit hervorragenden Kontakten zur *Freiheitlichen Partei Österreichs (FPÖ)* und deren Kopf Jörg Haider. Auch mit dem Chef der Düsseldorfer Interfinanz, Professor Carl Zimmerer, ist Hausberger nach seinen Angaben durch jahrelange Freundschaft verbunden. Das mag wohl sein, denn Zimmerer ist bei seinen nationalen Freunden nicht wählerisch. Er schreibt auch für die rechtsextreme Zeitschrift »Nation und Europa«.

Vorsitzender des Kuratoriums der Stiftung ist der Bundesschatzmeister der Republikaner, der Dortmunder Kaufmann Klaus Dieter Pahl. In der Stiftung sitzt auch Armin Mohler. Dieser war von 1964–1985 Geschäftsführer der Münchner Carl-Friedrich-von-Siemens-Stiftung, einer Denkfabrik für Wissenschaftler, Manager, Politiker und Studenten. Mohler, einst Sekretär des Demokratie-Verächters Ernst Jünger, gilt als geistiger Vater der Neuen Rechten in Deutschland. Denn er hat Alain de Benoist bei deutschen Rechtsintellektuellen eingeführt. Ebenfalls in der Stiftung vertreten sind Dr. Franz Uhle-Wettler, bis 1987 Kommandant des »NATO-Defense College« in Rom und Kommandeur der 5. Panzerdivision der Bundeswehr, außerdem die Professoren Hans-Joachim Arndt und Hellmut Diwald. Letzterer ist mit Armin Mohler auch Autor der Tageszeitung »Die Welt«. Diwald, der neurechte Paradehistoriker, hält Hitlers Schuld am Zweiten Weltkrieg für eine »politische Zweckthese«. Der »Welt« gilt er als »einer der angesehensten Historiker der Bundesrepublik«.

Benannt wurde die parteinahe Stiftung zunächst nach Carl Schurz – »einem untadeligen Republikaner« (Hausberger). Einem Republikaner freilich, der mit der heutigen Partei nichts am Hut gehabt hätte. Denn Carl Schurz war ein 1848er Revolutionär, der nach Amerika auswandern mußte und sich dort den Republikanern um Abraham Lincoln angeschlossen hat. Er setzte sich gegen Machtmißbrauch und für eine Verschmelzung der Nationalitäten ein. Gegen die Verwendung des Namens Carl Schurz hatten jedoch verschiedene Organisationen wegben Verletzung des Namensrechts protestiert. Die Republikaner beantragten daher mit Datum vom 1. März 1992 den Namen Ruhstorf-Stiftung. In dieser niederbayerischen Gemeinde hatten sie 1990 einen Programm-

Parteitag abgehalten. Der Bürgermeister der Gemeinde verwahrte sich aber gegen diese Verwendung des Ortsnamens. Daraufhin wurde die Genehmigung einer *Franz-Schönhuber-Stiftung* beantragt.

Dr. Dr. Rolf Schlierer, Fraktionschef der Republikaner in Baden-Württemberg, gehört auch dem Vorstand der Stiftung an. Er saß neben Christdemokraten und Rechtsliberalen im Kuratorium des CDU-nahen Studienzentrums Weikersheim des ehemaligen Marinerichters und Ministerpräsidenten Hans Karl Filbinger. Erst 1989 mußte sich Filbinger von dem Juristen und Mediziner Schlierer trennen, den er für »interessant, anregend und gescheit« hielt. Doch rechter Nachwuchs blieb dem gemeinnützigen Studienzentrum bei seinen Jahrestagungen im Weikersheimer Renaissanceschloß erhalten: »Jetzt konnten wir dort mit Freunden der Bürgerinitiative an dem Kongreß ›Die geistige Auseinandersetzung um das neue Europa‹ teilnehmen«, so berichtete Manfred Roeder von der *Deutschen Bürgerinitiative* über die Tagung 1991. Die Deutsche Bürgerinitiative zählt der Verfassungsschutz zu den »neonationalsozialistischen Personenzusammenschlüssen«.

Seit Dezember 1992 werden die Republikaner bundesweit vom Verfassungsschutz beobachtet. Das heißt, es werden nachrichtendienstliche Mittel eingesetzt, wie heimliche Observation, Abhören von Telefongesprächen, Einsatz von V-Leuten und dergleichen. Bislang wurden nur öffentlich zugängliche Quellen ausgewertet. Doch Programme wie auch die Parteizeitung waren stromlinienförmig ausgerichtet worden – daran konnte man folglich das tatsächliche Gebaren der Partei nicht messen. Dieses war eher bei Mitgliederversammlungen oder in regionalen Rundbriefen zu beobachten. So schreibt der Republikaner-Landesvorsitzende von Nordrhein-Westfalen, Uwe Goller, in einem lokalen Mitteilungsblättchen, die Republikaner seien nicht die Partei der Letzten von gestern, sondern der Ersten von morgen. Doch genau dieser Satz ist das Zitat eines echten Ewiggestrigen. Es stammt nämlich vom stellvertretenden Pressechef der Regierung des Dritten Reiches, Helmut Sündermann.

5. Die Deutsche Liga für Volk und Heimat (DL)

Die »Testreihe populistischer Patriotismus plus Starker-Mann-Gestus«, so ließ das rechte Bonner Intelligenz-Blatt »Etappe« hämisch über Franz Schönhuber nach der Bundestagswahl 1990 verlauten, sei ausgelaufen. Der Mißerfolg der Rechtsradikalen bei dieser Wahl kam nicht für alle überraschend. Für Schönhubers Kritiker war klar gewesen: Wenn der Republikaner-Chef bei der Wahl nicht reüssieren sollte, würde man losschlagen und eine neue Rechtspartei aus der Taufe heben. Am 18. Januar 1991 war es dann soweit. *Deutsche Allianz – Arbeitsgemeinschaft Vereinigte Rechte* hieß die neue Organisation zunächst, seit 3. Oktober 1991 führt sie den Namen *Deutsche Liga für Volk und Heimat (DL).* Ein Versicherungskonzern war vor den Richter gezogen und hatte die Umbenennung durchgesetzt.

Bei der DL handelt es sich um eine Anti-Schönhuber-Koalition aus abtrünnigen Republikanern, Nationaldemokraten und Anhängern der DVU. Stargast beim Gründungskongreß war Reinhard Uhle-Wettler, Jahrgang 1932, bis 1989 stellvertretender Kommandeur der 1. Luftlandedivision in Bruchsal. Bruder Franz Uhle-Wettler, Jahrgang 1927, Ex-Kommandant des »NATO-Defense College« in Rom, setzt sich übrigens für Franz Schönhuber ein. Dieser hatte sich durch Selbstherrlichkeit und Geltungssucht so viele Gegner innerhalb und außerhalb seiner Partei herangezogen, daß man jetzt entschlossener denn je ans rechtsradikale Sammelwerk ging. Mit von der Partie waren der Rechtsanwalt Martin Mussgnug aus Tuttlingen, fast 20 Jahre lang NPD-Bundesvorsitzender,

Deutsche Liga für Volk und Heimat (DL)

Anfang 1991 wurde die DL in Reaktion auf nachlassende beziehungsweise ausbleibende Erfolge der Republikaner und des persönlichen Führungsstils von Franz Schönhuber gegründet. Zunächst nannte sich die Partei »Deutsche Allianz – Arbeitsgemeinschaft Vereinigte Rechte«, später mußte der Name auf einen entsprechenden Gerichtsbeschluß hin geändert werden. Obwohl es in der »Deutschen Rundschau« eine mit der DL verbundene Monatszeitung gibt, blieben nennenswerte Wahlerfolge bisher aus.

Markus Beisicht, für die Republikaner in den Kölner Rat gewählt, und Johanna Grund, einst Schönhubers Stellvertreterin. Angeführt wird die DL heute von Harald Neubauer, Ex-NPD, Ex-DVU, Ex-Republikaner und Jürgen Schützinger, Stadt- und Kreisrat in Villingen-Schwenningen. Seit der baden-württembergischen Landtagswahl am 5. April 1992, bei der das Ergebnis mit 0,5 Prozent der Stimmen dann aber äußerst mager war, ist die DL frustriert. Mit Martin Mussgnug und Jürgen Schützinger, die beide auf lokaler Ebene beachtliche Erfolge erzielten, hatte man sich auch landesweit mehr Stimmen ausgerechnet. Das Konzept der großen Sammlungsbewegung ist jedoch offensichtlich gescheitert.

Wesentliche programmatische Unterschiede zu NPD, Republikanern oder DVU gibt es nicht. Parolen statt Programm, das gilt auch hier. Die Mitgliederzahl der DL liegt bei rund 800. Mit der »Deutschen Rundschau« erscheint eine der DL sehr nahestehende Monatszeitung immerhin in einer Auflage von 70.000 Exemplaren. Schlagzeilen machte die DL 1992 durch die Gründung von sogenannten Bürgerwehren. Sie sollen nächtens zur »Sicherheit der Bürger« durch die Städte patrouillieren.

III. Rechtsextreme Publizistik

In den zwölf Jahren des Dritten Reiches waren die Massenmedien weitgehend »gleichgeschaltet«. Zwar versuchten die Siegermächte nach 1945 massiv, die Medien zu »entnazifizieren«, jedoch war diesem Bemühen nur ein Teilerfolg beschieden ebenso wie entsprechenden Versuchen in anderen Bereichen des öffentlichen Lebens, namentlich in Justiz und staatlicher Verwaltung.

1. Verlage

Schon bald nach dem Zweiten Weltkrieg gründeten Personen, die ihrer nationalsozialistischen Überzeugung treu geblieben waren, die ersten Verlage der extremen Rechten in der Bundesrepublik. Es waren vor allem Männer, die aus den ideologischen Kontrollapparaten des NS-Regimes stammten. Unter ihnen befand sich auch Dr. habil. Herbert Grabert (1901–1978). Vor 1945 war er in Rosenbergs »Reichsministerium für die besetzten Ostgebiete« tätig, und dann lehrte er an der Universität Würzburg. Nach dem Krieg wurde er nicht in den Staatsdienst übernommen, und auch die neue Presse verzichtete auf seine Feder. 1953 gründete Grabert die »Deutsche Hochschullehrer-Zeitung«, damals unter dem Namen »Mitteilungen des Verbandes der nichtamtierenden (amtsverdrängten) Hochschullehrer und der Forschungshilfe e.V.«. Er leitete das Institut für deutsche Nachkriegsgeschichte in Tübingen. Als Vorsitzender dieser Einrichtung nahm er sich der »amtsverdrängten Hochschullehrer« an. 1960 wurde Grabert als Autor von »Volk ohne Führung« vom Bundesgerichtshof zu neun Monaten Gefängnisstrafe auf Bewährung verurteilt. Aus dem Englischen übersetzte er einen rechtsextremen Bestseller, David Hoggans »Der erzwungene Krieg«, der heute schon 13 Auflagen erfahren hat. Die gesamte Verlagsproduktion liegt auf dieser Linie. Der Grabert-Verlag brachte auch »Auschwitz-Mythos, Legende oder Wirklichkeit?« heraus. Dieses Buch wurde 1982 durch Urteil des Landgerichts Stuttgart eingezogen. Seinem Verfasser Wilhelm Stäglich wurde 1986 von der Universität Göttingen der Doktortitel aberkannt.

Seit 1972 führt Sohn Wigbert Grabert, ehemaliger Reserveoffizier der Bundeswehr, den Verlag. Eines der herausragenden Projekte ist eine dreibändige Kunstgeschichte des Dritten Reiches zum Preis von 189 Mark je Band. Grabert will mit diesen »einzigartigen monumentalen Kunstbänden« einen systematischen Überblick über das »künstlerische Schaffen in jenen zwölf Jahren« bieten. Offenbar gibt es wieder ein Publikum, das sich von den NS-Kolossen eines Arno Breker – schön, stark, gesund – berauschen lassen will.

»Wie Deutschland in den Zweiten Weltkrieg getrieben wurde« läßt Grabert den Franzosen Paul Rassinier, einen Wegbereiter des französischen Revisionismus, darstellen. Einst war Rassinier Kommunist und Häftling im Konzentrationslager Buchenwald. Anfang der sechziger Jahre begann er, sich mit Polemik gegen den Publizisten Eugen Kogon zu profilieren. Schon vor 25 Jahren hatte Rassinier in seinen wahnhaften Schilderungen die Existenz von Gaskammern bezweifelt. Daß Grabert dieses Machwerk des 1967 verstorbenen Autors erneut herausbringt, hat wohl seinen Grund in den heute verbesserten Marktchancen für Entlastungsliteratur.

Im mit Grabert liierten Hohenrain-Verlag philosophiert Ernst Anrich, ehemaliger Reichsschulungsleiter des NS-Studentenbundes und NPD-Ideologe, über ein »Leben ohne Geschichtsbewußtsein«. Trotz teils hochbetagter Autoren ist Hohenrain eher ein Verlag der Neuen Rechten. Mit den Büchern des Journalisten Alain de Benoist sollen die Inhalte der französischen Nouvelle Droite in Deutschland populär gemacht werden. Als Renner des Hohenrain-Verlages erwies sich das »Handbuch zur Deutschen Nation«. Herausgeber ist Bernard Willms, bis zu seinem Tod 1991 Hochschullehrer in Bochum. Mit Willms – so warb der Verlag in dem üblen antisemitischen Hetzblatt »Sieg« – sei der Nationalismus wieder wissenschaftlich anerkannt. In dem dreibändigen Opus ist ein recht illustrer Personenkreis versammelt: Dieter Blumenwitz, ehemaliger Berater von Franz Josef Strauß, Emil Schlee, für die Republikaner ins Europa-Parlament gewählter Vertriebenenfunktionär, oder Klaus Hornung, Mitglied der CDU und des Präsidiums des Studienzentrums Weikersheim.

»Allmählich ist der Grabert-Verlag der einzige Verlag, der schwerpunktmäßig revisionistische Werke auf der Buchmesse vorstellt«, schrieb Grabert 1991 in seinem Euro-Kurier Nr. 4. Dennoch wird der Verlag neuerdings nicht mehr in den Verfassungsschutzberichten aufgeführt. Im 40. Jahrgang erscheint die Vierteljahreszeitschrift »Deutschland in Geschichte und Gegenwart«.

1955 provozierte der Verleger Karl Waldemar Schütz einen Skandal. Er publizierte Alfred Rosenbergs »Ideale und Idole der nationalsozialistischen Revolution – Letzte Aufzeichnungen aus dem Nürnberger Gefängnis«. Das Buch des ehemaligen Reichsministers für die besetzten Ostgebiete, Leiters des Kampfbundes für deutsche Kultur und Hauptschriftleiters des »Völkischen Beobachters« war damals Grund für den Hinauswurf des Verlagsstandes aus der Frankfurter Buchmesse.

Während der achtziger Jahre blieb es ruhig um den K.W.Schütz-Verlag aus Preußisch Oldendorf, wenn er auf der Buchmesse vertreten war. Dennoch bestand das Verlagsprogramm nach wie vor aus Literatur zur Rechtfertigung des Zweiten Weltkriegs, zur Verherrlichung der Waffen-SS, geschrieben als nostalgische Reverenz an eine angeblich große Zeit. Waldemar Schütz, ehemaliger Ordensjunker und SS-Hauptsturmführer, blieb seinem verlegerischen Konzept treu. Schon 1952 hatte er die Memoiren des SS-Generals Paul Hausser veröffentlicht, dann folgten Bücher des »erfolgreichsten Kampffliegers des Zweiten Weltkriegs«, Oberst a.D. Hans Ulrich Rudel. Und er brachte die Prosa des Volk-ohne-Raum-Dichters Hans Grimm heraus.

In der Monatszeitschrift »Nation Europa«, der ältesten rechtsextremen Monatszeitschrift, wurde Schütz als ein Mann vorgestellt, »der sich um die nonkonformistische Nachkriegspublizistik verdient gemacht hat«. Er hatte nicht nur den gleichnamigen Verlag gegründet, sondern auch den Plesse-Verlag und die »Deutsche Wochen-Zeitung«, die später im DSZ-Verlag von Gerhard Frey in München erschien. Schütz, Verleger des DRP-Organs »Reichsruf«, übernahm später die Propagandaabteilung der NPD und das Parteiblatt »Deutsche Nachrichten«. Er war auch Inhaber der Deutschen Verlagsgesellschaft und widmete sich vorrangig dem Aufbau eines revisionistischen Archivs in Rosenheim.

Die Bundesprüfstelle für jugendgefährdende Schriften (BPS) indizierte 1991 zwei Bücher aus dem Schütz-Verlag: »Die verlorene Legion« von Leon Degrelle und »Am Pranger der Nation« von Karl Balzer. Beide dienten dazu, den Nationalsozialismus zu verherrlichen und seine Verbrechen zu verharmlosen.

Eine der größten Verlagsgruppen ist die VGB-Verlagsgemeinschaft Berg (Druffel-Verlag, Vowinckel-Verlag, Türmer-Verlag, Scharnhorst-Buchgesellschaft), die von Dr. Gerd Sudholt, Jahrgang 1943, dem langjährigen Vorsitzenden der Gesellschaft für freie Publizistik (GfP), geleitet wird. Er übernahm das Kernstück, den Druffel-Verlag, einst von seinem Stiefvater, dem ehemaligen stellvertretenden Pressechef der Regierung des Dritten Reiches Helmut Sündermann. Der Druffel-Verlag will »gegen Umerziehung und Gehirnwäsche mit geistig-literarischen Waffen« kämpfen. So wird das Buch von

Max Klüver »Vom Klassenkampf zur Volksgemeinschaft – Sozialpolitik im Dritten Reich« wie folgt angeboten: »In 15 Kapiteln stellt Max Klüver die revolutionierenden Maßnahmen zwischen 1933 und 1945 dar und unterstreicht die gewaltigen sozialen Errungenschaften jener Jahre. So entsteht ein neues Bild jener Epoche.« Mit etwa vier Ausgaben pro Jahr erscheint die Zeitschrift »Deutsche Geschichte«. Heft 3/4 des Jahrgangs 1992 befaßt sich mit der Tschechoslowakei – »Ende einer Fehlkonstruktion«. Darin schreiben beispielsweise Staatsminister a. D. Franz Neubauer, der Würzburger Staatsrechtler Lothar Bossle, Staatsminister a.D. Walter Stain. Die Verlagsgemeinschaft Berg wird auch in den jährlichen Verfassungsschutzberichten des Bundes aufgeführt.

Mit der Rehabilitierung der Waffen-SS und dem Beschönigen des Dritten Reiches befassen sich viele rechtsextreme Verlage, an erster Stelle aber der Osnabrücker Munin-Verlag. Mit seinen Büchern wollte er nachweisen, daß die Waffen-SS ein normaler Wehrmachtsteil gewesen sei und mit den Massenmorden nichts zu tun gehabt habe. »Soldaten wie andere auch – der Weg der Waffen-SS« war ein Buchtitel, oder: »Treu unserem Volk – das Selbstverständnis der Soldaten der Waffen-SS«. Im Werbetext hieß es: »Aus der Sicht von ›Damals‹ wird Zeugnis abgelegt von Vaterlandsliebe, Ehre, Treue, Pflichterfüllung, Opferbereitschaft und selbstlosem Dienen junger Soldaten« – das Zeugnis der vielen Massaker der SS fehlt. Der Verlag bot auch Schallplatten feil und Großfotos der SS-Generale Hausser, Peiper und Kurt Meyer (»Panzermeyer«). Bei Munin erscheint noch heute der »Freiwillige«, das Organ des Bundesverbandes der Soldaten der ehemaligen Waffen-SS (HIAG), der sich zum 31. Dezember 1992 aufgelöst hat. Die Zeitschrift soll jedoch weiter herauskommen. Die ehemaligen SS-Männer wünschen »unserem deutschen Volk und Vaterland eine glückliche Zukunft in einem Europa der Vaterländer, das im kleinen soldatischen Rahmen der Waffen-SS, der ersten Europäischen Freiwilligen-Armee, bereits Gestalt angenommen hatte«.

Neben den großen Verlagsimperien gibt es Dutzende von weiteren rechtsextremen Verlagen wie den Alverlag (Remagen), Armanen-Verlag (Köln), Arndt (Kiel), Arun (Vilsbiburg), Faksimile-Verlag (Bremen), Hohenstaufen-Verlag (München), daneben aber auch Kleinstunternehmen oder Ein-Mann-Betriebe wie den Hamburger Midgard-Verlag. Er ist benannt nach dem meerumschlungenen Land, wo nach germanischer Sage Allvater Wotan aus hartem Eschenholz »ask«, den Mann, und aus weicher Ulme »embla«, das Weib, erschuf. Verleger Gerd W. Fischer, politisch der Hamburger Liste Ausländerstopp verbunden, präsentiert »Das Buch der dreizehn Sternengötter«, in dem Gullinkambi, der güldene Götterhahn, vom germanischen Endkampf kündet.

2. Zeitungen und Zeitschriften

Etwa 80 rechtsextreme Zeitschriften, die regelmäßig erscheinen, sind in Deutschland auf dem Markt. Die Palette ist breit gefächert. Darunter sind neonazistische Heftchen, deren Auflagen zumeist nach Hunderten zählen, organisationsunabhängige Zeitschriften wie »Sieg« oder »Nation und Europa«, dazu expandierende Magazine der Neuen Rechten bis hin zu den Blättern aus dem Hause Frey, »Deutsche National-Zeitung« und »Deutsche Wochen-Zeitung«, mit Auflagen von über 100.000. Große Schwankungen in der Auflagenhöhe gab es in den letzten Jahren nicht. Eine Steigerung erfolgte jedoch durch den Verkauf in den östlichen Bundesländern. Ein Publikum von etwa zwei Millionen Zuschauern erreichen Frey und andere Rechtsextremisten allerdings, wenn sie zu Fernseh-Talk-Shows eingeladen werden. So hatte Sat 1 zu seiner Sendung »Einspruch« den Verleger Frey eingeladen und ihn ausgerechnet zum Thema Todesstrafe wie einen Sachverständigen befragt.

Gemeinsam sind rechtsextremen Zeitschriften zwei zentrale Themen. Ihnen ist erstens die Würde des Menschen »antastbar«, das heißt, sie vertreten Ausländerfeindlichkeit, Rassismus, völkisches Denken, Höherwertigkeit der Deutschen, und zwar offen oder verkappt. Zweitens gelten ihnen die östlichen Bundesländer als Mitteldeutschland, die ehemals deutschen Ostgebiete sollen nach wie vor zurückerobert werden – zumindest ideologisch. Die Grenzen von heute werden nicht akzeptiert.

Die Funktionen der Presseorgane am rechten Rand sind unterschiedlich: Parteizeitungen wie die »Deutsche Stimme« der NPD (Abonnenten: ca. 15.000, Auflage in Wahlkampfzeiten bis 300.000) oder »Der Republikaner« sind an die Programmatik der jeweiligen Partei gebunden. Sie informieren die Mitglieder über die Parteiarbeit und werden darüber hinaus natürlich auch zur Werbung neuer Anhänger eingesetzt.

Neonazistische Blätter dienen vor allem dazu, den inneren Zusammenhalt einer Gruppe aufrechtzuerhalten. Dabei gibt es traditionelle Zeitschriften für alte Kameraden wie das »Leitheft« für ehemalige Waffen-SS-Angehörige, die »Bauernschaft« des »Auschwitz-Lüge«-Autors Thies Christophersen oder »Recht und Wahrheit« aus dem Umkreis des ehemaligen Generalmajors der deutschen Wehrmacht Otto Ernst Remer. Es gibt aber auch Postillen für junge Rechtsextremisten, wie »Index« von der Nationalen Liste in Hamburg, »Horizont«, das sich »freiheitliches Nachrichtenblatt für Norddeutschland« nennt, den »Wikinger« oder »Odalbrief« für militante Junggermanen. Diese Jugendzeitschriften vermitteln ein Wir-Gefühl, stärken das Bewußtsein einer kämpferischen Elite und den Durchhaltewillen. Sie sollen dokumentieren: Wir sind wichtig. Solche Zeitschriften arbeiten auch mit Stilmitteln aus der konventionellen Jugendpresse, wie zum Beispiel Comics. Eine dritte Gruppe sind organisationsunabhängige Magazine. Sie wenden sich an einschlägig vorgebildete Leser, sind eher kulturpolitisch ausgerichtet und liefern ein weltanschauliches Fundament. In ihnen finden auch Theoriediskussionen statt. Politischer Hintergrund wird mit pseudowissenschaftlicher Argumentation vermittelt. Zu diesen Blättern zählen »Deutschland in Geschichte und Gegenwart«, »Nation« oder »Huttenbriefe«.

Das größte Problem dieser Blätter ist: ein Publikum zu finden, das über konventionelle rechtsradikale Zirkel hinausreicht. Am interessantesten sind hier die Publikationen der Neuen Rechten, bei denen sich Beiträge rechtsextremen Inhalts mit solchen von demokratischen Politikern oder Wissenschaftlern mischen. Die Auflagenzahlen dieser Zeitungen wachsen.

Die Hefte für den harten Kern der rechtsextremen Szene haben meistens kleine Auflagen. Auch wenn sie nur in 300 oder 400 Exemplaren erscheinen, sind sie doch in ihrer Bedeutung erheblich und bestätigen das Kaderprinzip dieser Gruppen. Ein Beispiel: die »Nachrichten der Hilfsorganisation für nationale politische Gefangene und deren Angehörige e.V. (HNG)«. Diese Vereinigung existiert seit 1979 und versteht sich als eine Art rechtsextreme »Amnesty international« im Miniformat. Gedruckt werden Briefe inhaftierter Neonazis, Gerichtsurteile, Tips für den Umgang mit Polizei und Justiz. Ein Textbeispiel:

> »1945 zerbrach ein hoffnungsvoller, zukunftsträchtiger Neubeginn. Es siegte die Masse an Menschen und an Material, es triumphierten die internationalistischen Wahnideen, die Niedertracht und die Lüge. Nach dem Sieg des Bösen trägt die Welt nun die Fratze des Siegers. Schon im Nürnberger Prozeß offenbarten die alliierten Verbrecher – die Kerkermeister, die Ankläger, die ›Richter‹ und die Urkundenfälscher ein ungewöhn-

> liches Maß an Verlogenheit, an Selbstgerechtigkeit und an Heuchelei... Wir sehen uns in unserer Überzeugung bestätigt; wir treten ein für die Wahrheit und fordern Gerechtigkeit für Deutschland. Das schließt ein: die wahrheitsgetreue Berichterstattung über unsere Truppe.«

Hier verständigen sich alte und neue Nationalsozialisten untereinander. Man spricht Insiderjargon. Die HNG betreut zur Zeit etwa 60 bis 70 Häftlinge. Die Leserschaft setzt sich aus Anhängern verschiedener Kleingruppen zusammen, zum Beispiel der Nationalen Offensive, der FAP, NF, WJ, DA aber auch der NPD. Einzelkontakte auf der Ebene von Aktivisten gibt es zur Volkstreuen Außerparlamentarischen Opposition (VAPO) in Österreich, zur Cedade in Spanien, zum Ku-Klux-Klan, zu Kühnen-Anhängern in Holland, Frankreich, Schweden und den USA. Die Leser der HNG-Nachrichten empfinden sich als Opfer einer »Gesinnungsjustiz«, haben das Bewußtsein politischer Kämpfer und glauben an eine politische Verschwörung gegen sich. Kommen Neonazis zu Tode, wird oft vermutet, daß obskure Mächte nachgeholfen hätten.

Von anderem Zuschnitt ist das Monatsblatt »Code«. Es nennt sich im Untertitel »Das andere Nachrichtenmagazin«. Die verkaufte Auflage liegt bei 15.000. Nach Angaben des Chefredakteurs, Ekkehard Franke-Gricksch, hat das Blatt auch unter Bankiers und Managern viele Leser. Unter Rechtsextremisten gilt »Code« als Quelle für Hintergrundinformation. Denn das Magazin kolportiert eine Theorie, wonach amerikanisches und jüdisches Kapital im Verbund mit Freimaurern weltweit die Fäden zieht.

Die älteste Monatszeitschrift der extremen Rechten ist »Nation Europa«, seit der Vereinigung mit den »Deutschen Monatsheften« nennt sie sich »Nation und Europa

(NE)«. Das Blatt wurde 1951 von dem ehemaligen SS-Sturmbannführer Arthur Ehrhardt, genannt der Leu, mit Unterstützung des britischen Faschistenführers Sir Oswald Mosley gegründet. Leitgedanke war die Europa-Idee der SS, eine »Nation Europa« im Abwehrkampf gegen sogenannte raumfremde Mächte. Das Dauerthema von NE ist das Überleben des deutschen Volkes, verbunden mit einer Warnung vor der Zerstörung Europas und seiner Völker. Deutschland den Deutschen, Europa den Europäern, das sind die Slogans. Was sich heute an Abwehrreaktionen gegen Überfremdung zeige, schrieb NE schon im April 1991 in Hinblick auf ausländerfeindliche Aktionen, sei nur ein leises Säuseln gegenüber dem Sturm, der sich gegen die multikulturellen Hirngespinste erheben werde.

Nach Ehrhardts Tod übernahm der NPD-Funktionär Peter Dehoust, heute Deutsche Liga, die Schriftleitung. Die Stammleserschaft rekrutierte sich früher aus Kreisen der ehemaligen Waffen-SS. Heute wird NE quer durch alle Reihen der extremen Rechten gelesen. Die Auflage stieg von 9.800 auf knapp 15.000, vor allem durch Neuabonnenten aus der ehemaligen DDR.

IV. Die Neue Rechte

Innerhalb der extremen Rechten in Frankreich setzte Ende der sechziger Jahre ein Diskussionsprozeß ein. Hauptgrund war der Mißerfolg bei der Präsidentschaftswahl 1965. Man hatte sich auf einen gemeinsamen Kandidaten geeinigt, Jean Louis Tixier-Vignancourt, und damit entsprechende Hoffnungen verbunden. Das Ergebnis war jedoch mit knapp fünf Prozent der Stimmen enttäuschend. Wahlkampfleiter war übrigens Jean-Marie Le Pen, der heute einer der erfolgreichsten rechtsextremen Politiker in Europa ist. Resultat des einsetzenden Denkprozesses war die Gründung von *GRECE (Groupement de Recherche et d'Etudes pour la civilisation Européene)*, die bald bedeutenden Einfluß ausüben sollte. Um politische Macht zu gewinnen, so lautete eine der GRECE-Thesen, müsse man kulturelle Macht besitzen. Also ging es GRECE weniger um parlamentarische Erfolge als um Einfluß in den Medien. Beispielsweise saß Alain de Benoist, der Kopf der *Nouvelle Droite*, in der Redaktion des Le-Figaro-Magazins (Auflage 350.000). GRECE verstand sich vor allem als eine intellektuelle Kaderschmiede, schulte journalistischen Nachwuchs und sorgte für weitreichende Kontakte.

Nouvelle Droite

Die Nouvelle Droite formte die kulturrevolutionäre Theorie, die der italienische Kommunist Antonio Gramsci (1891–1937) in den zwanziger Jahren im Gefängnis entwickelte, auf heutige Verhältnisse um. Man wollte und will auf dem Weg über den kulturellen Überbau zur Macht. Langfristig sollen Mentalitätsveränderungen und ein Paradigmenwechsel in den Wertvorstellungen herbeigeführt werden.

Die *Neue Rechte* kämpft gegen Christentum und Judentum gleichermaßen. Der »Judeo-Christianismus« sei die Geißel der abendländischen Gesellschaft, eine importierte Religion, die dem indoeuropäischen Wesen artfremd sei. Statt auf diese bezieht sich die Neue Rechte auf Theoretiker der sogenannten »Konservativen Revolution« aus der Weimarer Republik wie Moeller van den Bruck, Oswald Spengler, Ernst Jünger, Carl Schmitt, auf Julius Evola, Vilfredo Pareto, Friedrich Nietzsche und Charles Darwin.

Das Netzwerk

Der Republikaner-Chef von Nordrhein-Westfalen, Uwe Goller, will den Funktionsträgern seiner Partei das »Modell Ethnopluralismus« als Alternative zur multikulturellen Gesellschaft näherbringen: »In unserem Land findet ein Volksaustausch statt, und wir müssen diese Tatsache umkehren.« Während die Neue Rechte konsequent ein neues Gesellschaftsideal herausarbeite, setzten laut Goller die Republikaner diese Theorie in aktuelle Politik um. Langfristig gehe es um eine grundsätzliche Klimaänderung, um eine gegensätzlich verlaufende 68er Bewegung. Es sei ein Netzwerk geschaffen worden. »Mit Pierre Krebs, Gerd Kaltenbrunner, Armin Mohler oder Hans-Dietrich Sander sind Vordenker der Neuen Rechten bereits seit Jahren aktiv und bereiten den geistigen Nährboden für unsere Erfolge«, schreibt der Republikaner Goller in seinem Rundbrief »Rechts Gedacht« (Herbst 1992).

Es gelingt der Neuen Rechten auch gelegentlich, für ihre Zwecke völlig unverdächtige Personen zu instrumentalisieren. Ein Fall, bei dem die Gegensätze kaum größer sein könnten: Peter Glotz, Vordenker der SPD, und Ernst Anrich, Chefideologe der NPD, als Autoren vereint im Themenheft »Geistige Strömungen« der Zeitschrift »Europa«. »Da habe ich nicht genau hingeschaut«, war die Reaktion von Peter Glotz, als er sah, daß er da mit einem

Mann erschien, der schon vor 1933 Nationalsozialist war und im Dritten Reich als Hochschullehrer Karriere gemacht hatte.

Die Vierteljahreszeitschrift »Europa« heißt mittlerweile »Zeitenwende«. Sie kommt aus Wesseling bei Köln und wurde vom Verfassungsschutz in Nordrhein-Westfalen als das Blatt des »rechtsextremistischen Schulungszentrums Nationaleuropäisches Jugendwerk e.V.« eingestuft. Vorsitzender dieser Institution ist der Mannheimer Rechtsanwalt Ludwig Bock, einst NPD-Bundestagskandidat, dann Verteidiger im Majdanek-Prozeß. Seine Mandantin hieß Hildegard Lächert, wegen ihrer Grausamkeit im KZ »blutige Brygida« genannt. Damals äußerte Bock in einem Interview Zweifel an der Existenz von Gaskammern. Die hätten möglicherweise der Reinigung von Kleidern gedient. In einschlägigen Kreisen gilt Bock als engagierter Anwalt, wenn es um die Verteidigung von Rechtsextremisten geht, die wegen Körperverletzung an Asylanten, Verstoß gegen das Kriegswaffengesetz oder Verwendung von NS-Symbolen vor Gericht stehen. Im November 1992 hat er den NPD-Parteivorsitzenden Günter Deckert verteidigt, der laut Gerichtsurteil die Massenvernichtung von Juden in den Gaskammern von Auschwitz in volksverhetzender Weise behandelt hatte.

Die Zeitschrift dieses Jugendwerks versteht sich als »Forum geistiger Auseinandersetzung mit dem Mut zu Neuem, das keiner politischen Richtung folgt«. Das »Links-Rechts-Schema« soll überwunden sein. In der Ausgabe beispielsweise, für die Glotz und Anrich schrieben, erscheint der kalabresische Baron Julius Evola, einst Mussolinis Hofphilosoph und Verfasser der »Grundrisse der faschistischen Rassenlehre«, der Europa-Abgeordnete Emil Schlee, gewählt über die Liste der Republikaner, Michael Walker, einer der intellektuellen Anführer der britischen Neuen Rechten, und Ursula Haverbeck-

Wetzel, Präsidentin des Weltbundes zum Schutz des Lebens, die an »alle um die Rettung ihres Volkstums bemühten Europäer« appelliert.

Peter Glotz befaßt sich in seinem Aufsatz mit der deutschen Rechten: »Gefährlicher als Schönhuber ist schon eine neue Rechte, die im offiziellen Bonn noch gar nicht registriert wird.« Im Gegensatz zur erstarrten traditionellen Rechten sei eine gefährliche Ideologie entstanden, die konsequent, intelligent und in einer lebendigen Sprache von einer Vätergalerie der europäischen Rechten abgeleitet werde, wie Nietzsche, Ernst Jünger, Heidegger oder Carl Schmitt. Zeitschriften wie »Wir selbst«, »Mut«, »Aufbruch« oder »Criticón« hätten ihren Autorenkreis bis zu den großen Intellektuellen der Konservativen erweitert.

Eben dies gelang auch der »Zeitenwende«, in der sich der Wertkonservative Gerd-Klaus Kaltenbrunner und der Hohenheimer Professor Klaus Hornung zu Autoren der extremen Rechten gesellen.

Das Versehen von Peter Glotz, der Zeitschrift mit dem unverfänglichen Namen »Europa« eine Abdruckgenehmigung gegeben zu haben, wäre nicht so bemerkenswert, wenn er nicht damit dem Magazin, ohne es zu wollen, das Entreebillet in gesellschaftlich akzeptierte Kreise geliefert hätte.

Seit Anfang der achtziger Jahre ist ein Bemühen rechtslastiger Zeitschriften festzustellen, angesehene Autoren zu gewinnen und aus dem Ghetto rechtsextremer Minizirkel auszubrechen, in dem sie jahrelang steckten.

Auch dem Nachrichtenmagazin »Europa vorn« ist ein ungewöhnlicher Coup gelungen. Zwei Mitarbeiter wären, so berichtet man mit unverhohlenem Stolz, »ins Allerheiligste der bundesdeutschen Staatsschutzbehörden« vorgedrungen und hätten mit »dem Vizepräsidenten des West-Stasi«, Dr. Peter Frisch, ein langes Gespräch geführt. Tatsächlich hat Dr. Frisch, stellvertretender Präsident des Bundesamtes für Verfassungsschutz, jungen Leuten ein Interview gegeben, er meinte aber mit Redakteuren der Schülerzeitung eines Gymnasiums zu sprechen. Baß erstaunt war Frisch dann, als er sein Belegexemplar von der Fraktion der Republikaner aus Köln bekam.

Erstes prominentes Interview-Opfer von »Europa vorn« war Elmar Schmähling, Flottillenadmiral a. D. Auch er hätte nie eine Abdruckgenehmigung gegeben, wenn er gewußt hätte, daß es sich um ein Blatt aus dem rechtsextremem Umfeld handelte. Nordrhein-Westfalens Innenminister Herbert Schnoor mahnt daher zur Vorsicht beim Umgang mit rechten Zeitschriften: »Solche Blätter versuchen, sich Reputation zu verschaffen, indem sie Kontakt zu demokratischen Politikern aufnehmen, um Interviews oder Leserbriefe zu bekommen, und dann haben wir so eine Mischung aus Beiträgen von demokratischen Politikern und rechtsextremistischem Gedankengut, und dies halte ich in der Tat für gefährlich.«

»Europa vorn« wurde 1987 aus der Taufe gehoben. 1990 fusionierte das Blatt mit dem »Badischen Landboten«, einem unappetitlichen Szeneblättchen aus Konstanz, das nach eigenen Angaben auch die »nationalistische deutsche Rechte durch nachrichtendienstliche Informationen über den politischen Gegner« unterstützte. Dessen »Macher«, Torsten Paproth, war damals selbst für die NPD nicht tragbar und wurde ausgeschlossen. Mittlerweile hat sich das geändert. NPD-Chef Günter Deckert hat zeitweilig über seine Agentur »Germania-Reisen« mit dem rührigen Hobby-Journalisten bei Projekten in Schlesien gemeinsame Sache gemacht.

»Europa vorn« sieht sich selbst als »Nachrichtenmagazin der nationalen Opposition«. In einem Thesenentwurf – abgedruckt in Nr. 41 vom 1. Dezember 1992 – wird die Einstellung zum politischen System in Deutschland deutlich: »Erscheinungen wie politische Parteien, die berüchtigten Ochsentouren durch den Parteiapparat, volksverdummende Wahlspektakel und ähnliche Irrwege sind die beste Garantie dafür, daß die Falschen, will sagen die Korrupten, die Opportunisten, die Parasiten an die Macht kommen und die Elite bilden. Dieser Personenkreis ist nicht aufgrund irgendeiner Überzeugung Mitglied einer Partei, sondern weil er diese als Hilfsmittel zur Erlangung persönlicher Macht unentbehrlich findet. In diesem Sinne lehnen wir jede Form der Parteienherrschaft radikal ab, da Parteien sich notwendigerweise zu mafiaartigen Strukturen entwickeln müssen... Statt dessen streben wir eine aristokratische Elite an, die ihre Basis im Geistigen, nicht im Materiellen hat.«

Erfolgreichstes Beispiel, wie man aus einem rechtsextremen Winkelblättchen ein salonfähiges Erbauungsmagazin macht, ist die Monatszeitschrift »Mut«. Sie wurde Ende der sechziger Jahre als Schülerzeitschrift gegründet, entwickelte sich zur meistgelesenen Jugendzeitschrift im rechten Spektrum und wurde 1979 auf den Index der Bundesprüfstelle gesetzt – wegen Rassenhetze. Bis 1983 erschien »Mut« als eines der »größten rechtsextremen Periodika« im jährlichen Verfassungsschutzbericht. Damals druckte das Blatt unter anderem ein Interview mit dem damaligen Bundesinnenminister Friedrich Zimmermann. Der Chefredakteur ist seit der Gründung derselbe geblieben: Bernhard C. Wintzek. Er war Mitinitiator der »Aktion Widerstand«, die mit Parolen wie »Brandt an die Wand« und »Hängt die Verräter« Anfang der siebziger Jahre Front gegen die Ostverträge der sozialliberalen Koalition machte.

Mittlerweile erweckt »Mut« beileibe nicht mehr den Eindruck eines neonazistischen Kampfblattes. Man ist von der Tagespolitik abgegangen und klagt über die Unbilden der Zeit und den Verfall von Sitte und Moral. In einem Leserbrief aus der Zeit des Wandels heißt es, dank einer klugen Umgestaltung des alten, grobgeschliffenen

Blattes sei es gelungen, aus dem rechten Ghetto auszubrechen, zumal die Grundaussage nicht unter den nunmehr moderaten Tönen leide. Von da an konnte man in »Mut« so prominente Namen lesen wie die von Gerhard Mayer-Vorfelder, Minister in Baden-Württemberg, Republikaner-Berater Professor Hellmut Diwald oder den des Fernsehjournalisten Franz Alt. Selbst ein Schreiben des Bundeskanzlers kann das Magazin vorweisen, in dem sich Helmut Kohl als »ständiger Leser« bekennt. Auch ein positiver Brief von Gerhard Wessel, dem früheren Präsidenten des Bundesnachrichtendienstes, zierte die Leserbriefspalte.

Schon seit Ende der siebziger Jahre gibt es informelle Zirkel, Gesprächsrunden um Zeitschriften, Initiativen von Doktoranden rechtsgerichteter Professoren, die unbeachtet von den Medien und der Öffentlichkeit das Theoriedefizit der extremen Rechten aufgearbeitet haben. Diese Jungakademikerclubs haben sich nicht vorrangig um parteipolitische Repräsentanz gekümmert, ihnen ging es mehr um die theoretische Fundierung rechter Politik. So wurde am 3. November 1990 zu einem Initiativ-Kongreß in Koblenz aufgerufen. Thema: Vernetzung. »Eine breite patriotische, vorparteiliche Opposition von unten« – so der Einladungstext – begänne, sich zu formieren.

Dieser Kongreß mit dem Titel »Initiative Deutschland '90« wurde von drei Zeitschriften getragen: der »Jungen Freiheit« aus Freiburg im Breisgau, »Wir selbst« aus Koblenz und »Europa« aus Wesseling bei Köln.

Die »Junge Freiheit« ist die erfolgreichste der Monatszeitungen am rechten Rand. Die Auflage stieg von 500 (1986) auf 29.000 (1992). Das Blatt will zu einer rechten »taz« werden, für 1994 ist ein wöchentliches Erscheinen geplant. Schon jetzt hat die JF eine Magazinbeilage wie die »Süddeutsche Zeitung«, die »FAZ« oder »Zeit«. »Wer mit dem Grundgesetz unter dem Kopfkissen schläft, braucht Carl Schmitt nicht«, schreibt die JF im Oktober

1992. »Wer jedoch erkannt hat, daß die Verfassung das Gefängnis ist, in dem die res publica der Deutschen – gerade nach der kleinen Wiedervereinigung – gefangengehalten wird, greift gerade jetzt zu seinen Werken.« Der Staatsrechtler Carl Schmitt war einer der ideologischen Wegbereiter des Nationalsozialismus und begeisterter Befürworter der NS-Rassengesetzgebung.

Das dritte Blatt im Bund der Kongreß-Veranstalter, »Wir selbst«, ist eine nationalrevolutionäre Zeitschrift aus Koblenz. Sie erscheint seit 1979 und soll eine Auflage von etwa 5.000 Exemplaren haben. Einige ihrer Autoren zählen zu den »Linken unter den Rechten«, wie beispielsweise der Kultursoziologe Henning Eichberg, der den Begriff des Ethnopluralismus erfunden hat. Das Themenspektrum von »Wir selbst« reicht von Minderheiten in Europa, Regionalismus, Befreiungsnationalismus bis zum Kampf gegen Universalismus, »one world« und »Wodka-Cola-Imperialismus«. So modern sich diese Neue Rechte auch geben mag, alte Traditionslinien sind ihr doch eigen. Denn auch die Waffen-SS hatte ihre Europavision von einem Reich »jenseits von Dollar und Rubel«, wie es damals noch hieß.

Zwischen den Protagonisten dieser sogenannten nationalen Opposition gibt es durchaus auch Meinungsunterschiede. Die einen wollen sich von jeglichen Tabus befreien, scheren sich nicht um eine Beobachtung durch den Verfassungsschutz oder eine Abgrenzung zu Neonazis. Die anderen wollen mit heimlichen Hitlerfans nichts zu tun haben, sie präsentieren sich als selbstbewußte Nationalrebellen, schlagen despektierliche Töne gegenüber dem »Establishment« der gewählten rechtsradikalen Parteien an und scheuen sich nicht, Geschichtsrevision zu verlangen, wollen dabei aber auf NS-Apologetik verzichten. Wer das für bloße Mimikry hielte, der würde die neue Qualität dieser jungakademischen Rechten unterschätzen.

V. Neonazistische Gruppierungen

Die Aufspaltung in eine große Zahl kleiner Gruppen ist geradezu ein Kennzeichen der neonazistischen Szene. Doch wenn es um konkrete Aktionen geht, ziehen oft mehr als ein Dutzend von Gruppierungen an einem Strang. Indem die wahren Ziele verschleiert werden, sich immer wieder Untergruppierungen bilden oder alte Gruppen unter neuem Namen anderwo auftauchen, versucht man, Verbotsverfügungen zu umgehen. Darüber hinaus können regionale Kleingruppen flexibler reagieren und auf telefonische und schriftliche Kommunikation verzichten. So erschweren sie die Beobachtung durch den Verfassungsschutz.

1. Die Wiking-Jugend

Die Wiking-Jugend e.V. vertraut auf »die Kräfte des Blutes« und den »unerschütterlichen Glauben an die Gemeinschaft«. Sie bewundert die Hitler-Jugend und den Bund Deutscher Mädel, die Jugendorganisationen des Dritten Reiches. Sie pflegt nordische Tugenden und nennt sich nach einer SS-Division: die *Wiking-Jugend – volkstreue nordländische Jugendbewegung Deutschland.* Am 5./6. Dezember 1992 feierte sie in Berlin ihr 40jähriges Bestehen.

»40 Jahre Wiking-Jugend! 40 Jahre Arbeit und Kampf für unser Volk und Vaterland! Vier Jahrzehnte Standhalten gegen einen scheinbar übermächtigen Feind, der sich nach dem Weltkrieg zum Ziel setzte, auch die biologische Vernichtung Deutschlands zu vollenden. Diesem, für unser Volk tödlichen, Treiben stellte sich im Jahre 1952 Jugend aus drei Verbänden entgegen und schuf die Wiking-Jugend.« So steht es in der Einladung, unterzeichnet mit: »Heil Euch! Wolfram Nahrath – Führer der Wiking-Jugend.«

Auch wenn sich Wikinger privat treffen, grüßen sie sich mit »Heil Jan!«, »Heil Sigrun!« oder »Wiking Heil!«. Denn »zu heilen gibt es immer etwas«, »scherzte« Walter Matthaei (»Capitan Walter«), Mitgründer und Altbundesführer. Er belehrte seine stramme Jungschar: »Wenn Ihr mich in oder außer Dienst grüßt, so bitte mit festem Händedruck, offenem Blick und hörbarem Hackenzusammenschlagen. Kein farbloses ›Hallo‹ oder bürgerliches ›Guten Tag‹. Solltet Ihr sitzen, so schnellt bitte hoch – nur nicht so lahmarschig.«

Mit der zackigen Erziehung beginnt die WJ bereits im Sandkasten und führt sie weiter bis zu den Kampfgemeinschaften der Heranwachsenden. Ihre Arbeit nennt die WJ selbst »jugendpflegerisch«. Der Schwerpunkt der Pimpfen- und Jungmädelarbeit liegt »auf Fahrt und Lager, auf kulturellen Veranstaltungen, auf körperlicher Ertüchtigung und handwerklicher Weiterbildung«. Dazu gehören aber auch Orientierungsmärsche, selbst bei strömendem Regen oder glühender Hitze, Fahnenschwingen und Geländeübungen. »Wahre Kameradschaft gibt es nur im Schützengraben. Dieses Erlebnis hat Euch die Geschichte versagt. So müssen wir die soldatischen Tugenden im Lager und auf Fahrt üben«, erläuterte Matthaei das Erziehungsprogramm.

Matthaei gehörte zu den Männern der ersten Stunde bei der Wiking-Jugend. Am 2. Dezember 1952 trafen sich in Wilhelmshaven *Reichsjugend*, *Deutsche Unitarische Jugend* und die *Vaterländische Jugend* und gründeten die WJ. Erster Bundesführer wurde Walter Matthaei. Als dieser es vorzog, Deutschland zu verlassen und nach Spanien auszuwandern, ging die Führung an die Nahrath-Sippe über. Und da ist sie bis heute geblieben, jetzt bereits in der dritten Generation.

Als Ziele formuliert die WJ unter anderem Förderung des Volkstums- und Reichsgedankens, Bekenntnis zu einer Lebensgemeinschaft auf völkischer Grundlage, Aufbau einer »Nation Europa«, Erziehung zu Härte und

Ausdauer, Bekenntnis zu Kameradschaft und Soldatentum (aus: »Wiking-Jugend – Idee und Gestalt«).
Die Erziehung zu Kampf und Härte hat Folgen:

- 1987 wurde Odfried Hepp aus dem mittelbadischen Achern zu zehneinhalb Jahren Haft verurteilt: wegen versuchten Mordes, Mitgliedschaft in einer terroristischen Vereinigung, Beteiligung an vier bewaffneten Banküberfällen und Sprengstoffanschlägen. Geprägt wurde Hepp in der WJ. Mit 19 war er Mitglied, mit 21 machte man ihn zum Führer des »Horstes Ortenau« und bald darauf zum Gauführer in Schwaben.
- Auch zwei Kämpfer aus der Libanon-Truppe der WSG Hoffmann, der wahrscheinlich zu Tode gefolterte Kai Uwe Bergmann und Steffen Dupper, gingen durch die Schule der WJ.
- Schon im sogenannten Bückeburg-Prozeß wurden 1979 WJ-Gauführer Uwe Rohwer und sein Stellvertreter Manfred Börm, beide heute noch aktiv, wegen Beteiligung an einer terroristischen Vereinigung zu neun beziehungsweise sieben Jahren Haft verurteilt. Ihnen und den Mitangeklagten aus Kühnens ANS wurden schwerer gemeinschaftlicher Raub, gefährliche Körperverletzung, räuberische Erpressung und Verstöße gegen das Waffengesetz vorgeworfen.

Ihr Freizeitangebot ist eine raffinierte Kombination aus Abenteuer und Indoktrination, von Fahrten mit Lagerfeuern und Nachtmärschen sowie politischer Schulung. Kinder und Jugendliche sind begeistert von den Liederrunden um brennende Holzstöße, sportlichen Wettkämpfen, Mutproben, Segeltörns und Fallschirmspringen. Daneben werden »weltanschauliche Grundlagen« vermittelt, zum Beispiel im Aufsatz »Volk und Rasse« in der Mitgliederzeitschrift »Wikinger«. »Ganz Europa ist bedroht von Fremdrassen«, heißt es da, »die alliierten Besatzungstruppen hinterließen viele tausend Bastarde

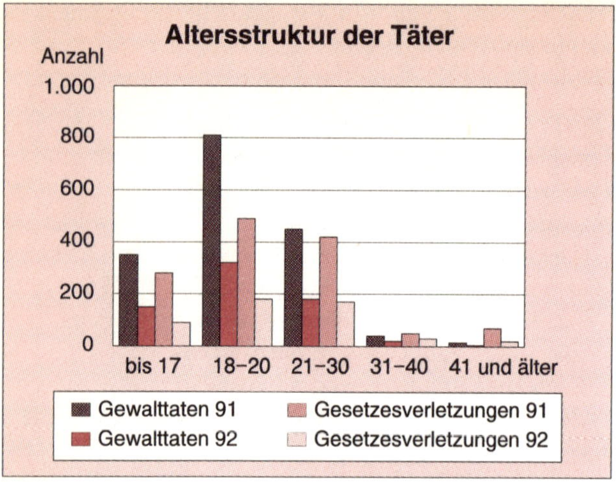

mongolider, negroider und sonstiger fremder Herkunft in Deutschland. Fremdrassige Asyl- oder Arbeitssuchende branden gegen die nordländische (europide) Rassenfamilie an.« Jede Vermischung mit Rassefremden (z. B. Türken, Negern, Mongolen) führe zwangsläufig zum Untergang des Volkstums. Daher wird gefordert:

»1. Verhinderung der Vermehrung von Minderwertigen.

2. Förderung von Vermehrung der Erbgesunden und Hochwertigen.« Militärischer Drill und ideologisches Beiwerk laufen wie selbstverständlich nebeneinander her.

Alljährlich führt die Wiking-Jugend ein Pfingstlager »Tage volkstreuer Jugend« mit 200 bis 300 Teilnehmern in Hetendorf (Kreis Celle) durch. Bei allen Lagern greift sie als festen Standort gern auf Jugendherbergen zurück, wobei sie sich nicht WJ nennt, sondern als »volkstreue Jugend« oder als »Spiel- und Sportjugend« anmeldet. Neben ihrer Mitglieder-Zeitung »Wikinger« erscheint unregelmäßig »Gäck« als Schülerzeitung, mit der sie gezielt an Schulen agitiert, 1992 etwa speziell am Prenzlauer Berg in Berlin.

»Wikinger« sind in vielen rechtsextremen Organisationen aktiv, sie wollen erklärtermaßen »Kampfgemeinschaften mit anderen wehrwilligen Gruppierungen« bilden. Man sieht sie bei der NPD, als Fanfarenzug an der Spitze des »Deutschlandtreffens«, beim FAP-Parteitag in Brandenburg, bei der Ijzerbedevaart in Belgien, beim Franco-Gedenktag in Madrid, bei der Heldengedenkfeier in Halbe oder dem Rudolf-Hess-Gedächtnismarsch in Rudolstadt. Im NPD-Organ »Deutsche Stimme« wirbt die WJ mit dem Slogan »Nationaldemokrat: Deine Kinder gehören in die Wiking-Jugend. Damit sie nicht morgen mit der ANTIFA gegen Dich demonstrieren!«

Erstmals in einheitlicher WJ-Kluft zeigten sich »Wikinger« beim Tag der Heimat 1992 in Wanne-Eickel. Die DJO – Deutsche Jugend in Europa, die auf der Bühne tanzen sollte, verlangte ihren Auszug. Doch der Veranstalter, der Kreisverband des Bundes der Vertriebenen,

Wiking-Jugend

Schon im Namen lehnt sich die 1952 gegründete »Wiking-Jugend – volkstreue nordländische Jugendbewegung Deutschland«, die nach einer SS-Division benannt ist, an nationalsozialistische Vorbilder an. Sie ging aus den Verbänden Sozialistische Reichsjugend, Deutsche Unitarische Jugend und Vaterländische Jugend hervor und ahmt im wesentlichen Hitler-Jugend und Bund Deutscher Mädel nach. Vereinsziele sind etwa Förderung des Volkstums- und Reichsgedankens, Erziehung zu Härte und Ausdauer sowie das Bekenntnis zu Kameradschaft und Soldatentum. Sie sollen durch ein Gemenge von politischer Schulung und gemeinschaftlichen Freizeitunternehmungen wie Nachtmärschen, Liederrunden und Fallschirmspringen erreicht werden.

gab der WJ den Vorzug. Die Vertriebenenjugend ging, die WJ blieb. Dann sang Frank Rennicke vom wiedererstehenden Reich und Herbert Hupka, Bundesvorsitzender der Landsmannschaft Schlesien, saß widerspruchslos im Zuschauerraum.

»Ob Breslau, Thorn und Danzig,
ob Posen, Gleiwitz und Stettin,
ob Chemnitz, Bromberg und Leipzig,
ob Bozen, Königsberg und Wien,
alle sind sie deutsche Städte
und liegen in deutschem Land,
geraubt durch Verbrecherräte,
geschändet jeder deutsche Stand.

Über Länder, Grenzen, Zonen
hallt ein Ruf, ein Wille nur;
überall wo Deutsche wohnen,
zu den Sternen dringt der Schwur.
Niemals werden wir uns beugen,
nie Gewalt für Recht anseh'n.
Deutschland, Deutschland über alles,
und das Reich wird neu ersteh'n.
Deutschland, Deutschland über alles,
und das Reich muß neu ersteh'n.«

Die WJ ist keine Jugendorganisation, der hohe Mitgliederzahlen wichtig sind, weit mehr geht es ihr um eine gut gedrillte Elite. Sie trägt eher den Charakter einer Kaderorganisation.

Derzeit hat sie etwa 400 Mitglieder in den alten Bundesländern und 100 in den neuen, wo sie die »Gaue Preußen und Sachsen« bilden konnte.

Ins westliche Ausland hat die WJ schon seit vielen Jahren gute Beziehungen, beispielsweise zur *Juventud Vikinga* in Spanien, *Vlaams Nationale Jeugd (VNJ)* in Belgien, nach Großbritannien, Frankreich und Skandinavien. Mittlerweile hat sie ihre Kontakte auch nach Schlesien und Ostpreußen ausgedehnt.

Neben der Wiking-Jugend gibt es noch andere rechtsradikale Jugendgruppen wie *Die Heimattreue Jugend e.V., Jugendbund Sturmvogel, Junge Deutsche* und den *Freibund.*

2. Die »Kühnen-Connection«

»Der Name Michael Kühnen ist seit dem Jahr 1977 zu einem Symbol für den militanten und revolutionären Teil des nationalen Lagers geworden. Während bei den eher konservativen, gemäßigten oder gar reaktionären Nationalisten politische Abschlaffung und Resignation herrschten, ist ein junger Bundeswehroffizier in die politische Offensive gegangen, gerade 21 Jahre alt und mit nicht mehr hinter sich als zwei Gefolgsleuten, einem revolutionären Konzept und einer kaum glaublichen Einsatz- und Opferbereitschaft.« Diese Sätze wurden nicht für einen Nachruf formuliert, sondern anläßlich der Gründung der *Nationalen Initiative* 1987. Michael Kühnen war damals noch quicklebendig. Für seine Anhänger war er aber bereits ein Märtyrer, vom Mythos des unbeirrbaren Kämpfers umgeben.

Die Anfänge der Kühnen-Bewegung (Motto: »Wir reden nicht vom Kampf, wir kämpfen«) gehen auf das Jahr 1977 zurück. Am 8. Mai jenes Jahres gründete der ehemalige Bundeswehrleutnant Kühnen mit zwei Kameraden den *SA-Sturm-Hamburg*. Von da an war er »der Chef«. So nannte sich auch der Führer der historischen SA (Sturmabteilung), Stabschef Ernst Röhm. Der begriff seine Truppe als »Willens- und Ideenträger der nationalsozialistischen Revolution«.

Ende 1977 nannte Kühnen seine Gruppe dann *Aktionsfront Nationaler Sozialisten (ANS).* Am 15. Januar 1983 schloß sich die ANS mit den *Nationalen Aktivisten (NA)* um Thomas Brehl zur ANS/NA zusammen. Von Stund an kämpfte das Trio Michael Kühnen, Christian Worch und Thomas Brehl gemeinsam für »Ausländer-Rückführung«, Aufhebung des NS-Verbotes und für ein viertes Reich.

Die Gesinnungsgemeinschaft veranstaltete auch Lager mit militärischen Übungen, zum Beispiel auf dem Gelände des *Freundeskreises Filmkunst e.V.* und der *Gesellschaft für biologische Anthropologie, Eugenik und Verhaltensforschung e.V.* im niedersächsischen Hetendorf. Ein Teilnehmer berichtete hinterher: »Nach der Aufteilung in Rotten ging es zur großen Durchschlageübung, die sich bis zum Abend hinzog... Ein Fackelmarsch beendete die Wehrübung. Beim Zusammensein am Lagerfeuer konnten wir feststellen, daß solche Lager sehr gut für die Kameradschaft und die Disziplin der Truppe und für die Beteiligten ein bleibendes Erlebnis sind.«

Am 7. Dezember 1983 setzte der Bundesinnenminister dem Treiben der »unerschütterlichen Gemeinschaft« (Kühnen) ein vorläufiges Ende. Er verbat die ANS/NA wegen Verfassungswidrigkeit, 1986 wurde dieses Verbot durch das Urteil des Bundesverfassungsgerichts rechtskräftig.

Davon ließen sich die Kühnen-Anhänger nicht beirren. Sie machten weiter – in neuen Formen. Zunächst wandelten sie die ANS/NA-Kameradschaften in »Leserkreise« der Kühnen-Zeitschrift *Die Neue Front* (vorher: »Die innere Front«) um. 1984 entstanden dann Ersatzgruppen *(Frankfurter Front, Karlsruher Front, Wiesbadener Front, Taunusfront, Stoßtrupp Renchen, Stoßtrupp Nagold)*. Für Kadermitglieder bestand auch die Pflicht, der *Hilfsorganisation für nationale politische Gefangene und deren Angehörigen e. V. (HNG)* beizutreten.

Schließlich wurde am 26. Mai 1984 das *Komitee zur Vorbereitung der Feierlichkeiten des 100. Geburtstages von Adolf Hitler (KAH)* gegründet, und zwar in einer

Pizzeria an der Puerta del Sol in Madrid. Dort trafen sich Michael Kühnen und Thomas Brehl mit Léon Degrelle, dem höchstdekorierten Ausländer und SS-General des Dritten Reiches. Seither fanden wiederholt Koordinierungstreffen statt. Eines davon sogar im Collegium Humanum – Akademie für Umwelt und Lebensschutz in Vlotho an der Weser. Die Verbindung zu diesem Tagungsort stellte der damalige Kühnen-Bewunderer Michael Krämer her, der später zu den Republikanern wechselte, bei denen er dann bis 1989 Mitglied blieb. Im KAH agierten gleichermaßen Freund und Feind von Michael Kühnen. Laut Anklage in einem Anfang 1993 bereits seit zwei Jahren laufenden Gerichtsverfahren soll unter dem Deckmantel des Komitees die Organisationsstruktur der ANS/NA für die Bewegung übernommen worden sein. Für Michael Swierczek, früher bei den Jungen Nationaldemokraten, danach Sektionsleiter Süd des KAH, später Vorsitzender der Nationalen Offensive, hat die Struktur »eher der der CDU« entsprochen, und er sei »so was ähnliches wie der Geissler« gewesen.

Daneben ersann Michael Kühnen sogenannte Vorfeldorganisationen, um die Schwelle für diejenigen zu senken, die sich der Gesinnungsgemeinschaft anschließen wollten, aber noch nicht die Maßstäbe der »kämpferischen Elite« erfüllten. »Wir wollen jetzt erstmals eine Massengefolgschaft«, ließ sich Kühnen vernehmen, »eine große Zahl passiver, aber zahlender Mitglieder.« Es entstanden die Organisationen:

– *Aktion Lebensschutz (AL),*
– *Antizionistische Aktion,*
– *Arbeitsgemeinschaft für ständische Wirtschaftsgestaltung,*
– *Freie Gewerkschaftsbewegung,*
– *Initiative Volkswille,*
– *Neubeginn – Arbeitskreis für deutsch-alternative Politik,*

– *Sturmabteilung,*
– *Volksbund Rudolf Hess.*

Für die weibliche Gefolgschaft gründete man gleich noch einen *Mädelbund* analog zum nationalsozialistischen Bund deutscher Mädel.

Parallel dazu begann aber auch die Unterwanderung der bis dahin bedeutungslosen *Freiheitlichen deutschen Arbeiterpartei (FAP).* Sie wurde zum »legalen Arm der Bewegung« ausgebaut. Die alten ANS/NA-Spitzenfunktionäre traten aus taktischen Gründen nicht bei, damit nicht der Eindruck einer Nachfolgeorganisation entstand und damit wiederum ein Verbotsgrund gegeben gewesen wäre. Doch aus der Minipartei FAP wurde eine der tonangebenden Organisationen des Neonationalsozialismus in den Jahren 1988–91. Anfang 1993 umfasste die FAP etwa 200 Mitglieder und Landesverbände in allen Bundesländern, mit Ausnahme von Thüringen, Brandenburg und Mecklenburg-Vorpommern.

Mitte 1986 hatten Kühnen-Rivalen eine Kampagne gegen Homosexualität gestartet. Diese führte bald zur Spaltung der Bewegung und auch der FAP. In der Partei gab es zeitweilig zwei Vorstände – einer angeführt von Friedhelm Busse, Jahrgang 1929, der andere von Walter Matthaei, genannt Capitan Walter. Sie lagen zeitweise in erbitterter Fehde.

Am 2. März 1988 sollte der seit 1984 inhaftierte Kühnen entlassen werden. Vermutlich, um ihm einen medienwirksamen Start ins zivile Leben zu vereiteln, wurde er schon einen Tag früher auf freien Fuß gesetzt. Tags darauf um sechs Uhr morgens kam es dann zu einer der größten Durchsuchungsaktionen bei Neonazis in mehreren Bundesländern, allerdings nicht in Hessen. Ausgerechnet dort, wo Kühnens treueste Garde aus ANS/NA-Tagen saß, wo man ein Empfangskomitee für den Chef organisiert hatte, dort griffen die Behörden nicht zu. Als Morgengabe zur

Haftentlassung hatte man Kühnen anscheinend seine Widersacher aus dem Weg geräumt. Kühnens wichtigste Gegner waren festgenommen. In der »Neuen Front«, Kühnens Rundbrief, mokierte man sich über den »einseitigen Polizeieinsatz« und feierte die Verhaftung der »gesamten Führung unserer internen Opposition«. Später folgten dann allerdings auch Polizeiaktionen, die den Kühnen-Flügel der Gesinnungsgemeinschaft betrafen.

Drei Jahre später, am 5. Februar 1991, begann vor der Staatsschutzkammer des Stuttgarter Landgerichts das bislang längste Gerichtsverfahren gegen Neonazis in der Geschichte der Bundesrepublik. Die Anklage lautet, gemeinschaftlich handelnd als Rädelsführer den organisatorischen Zusammenhalt einer unanfechtbar verbotenen Vereinigung, nämlich der ANS/NA, aufrechterhalten zu haben. Die elf Angeklagten sind fast alle bekannte »Größen« der Szene, wie Jürgen Mosler aus Duisburg oder Friedhelm Busse aus München, FAP-Vorsitzender und glühender Führer-Fan: »Ich halte Adolf Hitler für den größten Staatsmann des Jahrhunderts«, tönte er im Gerichtssaal. Anfang 1993 war noch kein Ende des Verfahrens abzusehen.

Ungeachtet der diesem Prozeß vorausgegangenen Durchsuchungsaktion hatte Kühnen im Juli 1988 einen neuen Verein, die *Nationale Sammlung (NS)* gegründet, die bei den hessischen Kommunalwahlen im März 1989 kandidieren sollte. Doch die NS wurde am 9. Februar 1989 verboten.

Im Mai 1989 gründete man in Bremen die *Deutsche Alternative (DA)*. Sie ging aus dem Landesverband Bremen der FAP hervor, der zu diesem Zweck aufgelöst wurde. Mit der DA sollte die Gesinnungsgemeinschaft eine »legale Partei« bekommen. Sie war mittlerweile mit rund 350 Mitgliedern und einem Sympathisantenkreis von rund 1.000 eine der stärksten neonazistischen Gruppierungen geworden, vor allem in den neuen Bundesländern. In Cottbus hatte sie mehr Mitglieder als die SPD.

Der Sprung ins Stadtparlament bei der nächsten Kommunalwahl galt als sicher. Die DA hatte Landesverbände in Berlin, Brandenburg, Bremen, Rheinland-Pfalz und Sachsen. Bundesvorsitzender der DA war seit dem Parteitag am 18. September 1991 Frank Hübner. Seit Januar 1992 erschien ein eigenes Mitteilungsblatt, der »Brandenburger Beobachter«. In der Ausgabe Nr. 3 für Juni und Juli wurde die Demokratie als »Demokrötie« bezeichnet.

Laut Satzung verstand sich die DA als »nationale Protestpartei« und betrachtete sich als »führende politische Kraft der reichstreuen deutsch-alternativen Opposition«. Wiederholt wurden gegen Mitglieder der DA wegen Angriffen auf Asylbewerberheime oder politische Gegner Ermittlungsverfahren eingeleitet.

Nach Erkenntnissen der Ermittlungsbehörden waren zwei DA-Mitglieder an einem Angriff auf ein Asylbewerberheim in Alteno (Brandenburg) am 27. September 1991 beteiligt. Als am 24. August 1991 das Asylbewerberheim in Spremberg (Brandenburg) in Flammen aufging und völlig ausbrannte, befanden sich vier DA-Mitglieder unter den mutmaßlichen Tätern. Bei einem Überfall auf ein besetztes Haus in Finsterwalde am 21. Februar 1992 gehörten zwei der mutmaßlichen Täter der DA an. Am 8. Dezember 1992 wurde die DA vom Bundesinnenminister verboten.

Schon Mitte 1991 hatte die Gesinnungsgemeinschaft die Gründung neuer Landesparteien vorbereitet. Damit verfolgte man zwei Ziele: Einmal sollte die DA ersetzt, zweitens so Verbote von Organisationen erschwert werden:

- *Der Deutsche Weg (DW)* ist die regionale Organisation für Nordrhein-Westfalen. Er wurde am 20. Oktober 1991 in Bielefeld von etwa 30 Mitgliedern der Deutschen Alternative gegründet. Der DW sieht laut Programm »den Verzicht auf den deutschen Osten als Verrat an« und fordert die konsequente Rückführung aller in Deutschland lebenden Gastarbeiter.

- Den *Nationalen Block (NB)* haben bayerische Kühnen-Anhänger gegründet. Vorsitzender ist der ehemalige »Bereichsleiter Süd« der *Gesinnungsgemeinschaft der Neuen Front (GdNF)*, Fred Eichner. Der NB rief im Dezember 1991 auf, die »kroatischen Kämpfer« zu unterstützen. Der Krieg zwischen Kroaten und Serben sei auch ein Krieg zwischen dem Prinzip der Aufrechterhaltung der Nachkriegsordnung und dessen Zerstörung. »Viele Kroaten stehen hierbei ganz und klar auf der Seite des weißen Europas und auch auf der Seite einer nationalen Neuordnung auf diesem Erdteil«, schrieb Eichner.
- Die *Sächsische Nationale Liste (SNL)* soll die neue Landespartei für Sachsen sein.
- In Baden-Württemberg tritt die *Volkstreue Liste (VL)* auf und warnt vor einem »allgemeinen Rassenmischmasch«. Zusätzlich wurde die *Aktionsfront Nationaler Kameraden* in Heidelberg gebildet.
- *Deutsches Hessen* will bei der Kommunalwahl im Frühjahr 1993 Kandidaten auf Listen anderer Parteien unterbringen.

Die Geschichte der Kühnen-Bewegung ist zugleich eine Geschichte der Verbote und immer wieder erfolgender Neugründungen. Sich selbst definiert die Bewegung so: »Die Gesinnungsgemeinschaft der Neuen Front (GdNF) ist eine Gemeinschaft von überzeugten und bekennenden Nationalsozialisten, die die Überwindung des NS-Verbots und die Neugründung der NSDAP als legale Partei erstrebt. Die GdNF steht in der Tradition der SA und des revolutionären Flügels der historischen NSDAP; im Geiste Ernst Röhms erstrebt sie eine nationalsozialistische ›Zweite Revolution‹, in Adolf Hitler sieht sie den Zeitenwender, die Heilsgestalt der arischen Rasse und den deutschen Nationalhelden… Seit dem Verbot der ANS/NA im Dezember 1983 tritt unsere Gemeinschaft unter dem Namen Neue Front auf;

diese Neue Front ist keine Organisation, sondern eine Gesinnungsgemeinschaft, deren Anhänger in Front- und Massenorganisationen sowie befreundeten Verbänden aller Art für unsere Ideen arbeiten und werben.« Anfang 1993 hatte die GdNF etwa 400 Anhänger.

3. Die Nationalistische Front (NF)

Am 16. November 1985 schlossen sich in Steinhagen bei Bielefeld Neonazis zur *Nationalistischen Front* zusammen. Sie identifizierten sich mit den national- und sozialrevolutionären Vorstellungen der Brüder Otto und Gregor Strasser aus der Frühzeit des Nationalsozialismus. Bundesvorsitzender und Generalsekretär war ab 1986 Meinolf Schönborn.

Die NF unterhält zur Durchsetzung ihrer Ziele ein Zentrum in Detmold/Pivitsheide. Das Haus wird auch als Versammlungs- und Schulungsstätte genutzt. Ferner ist darin der Klartext-Verlag untergebracht. Die NF druckte verschiedene Publikationen, einige davon auch unregelmäßig, darunter die Zeitschrift »Klartext«, «Nachrichten aus der Szene«, »Aufbruch«, »Umsturz«, »Revolte«, »Kelheimer Beobachter«, »Volkskampf« und »Hetzer« neben Schulungsblättern.

Nach einem Parteitag im Juni 1992 in Hetendorf kam es zur Spaltung. Am 8. August 1992 wurde ein alternativer Vorstand unter Andreas Siegfried Pohl gebildet, der früher bei der Skin-Band »Kraft durch Froide« sang.

Die NF zählt zu den harten, kampfbereiten Gruppen und arbeitete zunehmend in konspirativer Weise. Bei Hausdurchsuchungen am 2. Juli 1992 bei den führenden Mitgliedern der NF Uwe P., Jahrgang 1955, und Eckhard Sch. (Spitzname Theo), Jahrgang 1954, wurden beschlagnahmt:

- ein automatisches Gewehr ap 74, long rifle in Tarnlackierung,

- über 400 Schuß Munition,
- ca. zwei Kilogramm Schwarzpulver, weiter Chemikalien, die zur Herstellung von explosiven Mischungen geeignet sind, daneben zwei Anleitungen zur Herstellung von Spreng- und Brandvorrichtungen aus verschiedenen Chemikalien, außerdem Drähte, die zu militärischen Sprengzündern gehören,
- Zubehör zu weiteren Waffen,
- schriftliche Unterlagen, die inhaltlich klar terroristische Ziele erkennen lassen; so sind Feindbilder exakt klassifiziert: Politiker, Richter, Staatsanwälte, »Polit-Bullen«. Anweisungen für Kampagnen, die über Rufmord, Zerstörung der Ehe/Familie bis zu Entführung, Geiselnahme, »Hinrichtung« von Feinden oder deren Familien gehen,
- strategische und taktische Vorbereitungspläne für solche Operationen,
- Belege für die ideologische Untermauerung der Notwendigkeit dieses Handelns,
- Observationsfotos von Häusern und Wohnungen von Beamten des polizeilichen Staatsschutzes und deren Angehörigen,
- in Zeitungen veröffentlichte Bilder von Polizeibeamten, die ausgeschnitten archiviert waren,
- Beweismittel für eine Reihe anderer Straftaten.

Am 26. November 1992 hat der Bundesinnenminister die NF verboten. Doch gibt es jetzt schon Hinweise, daß sich NF-Mitglieder in der *Sozialrevolutionären Arbeiterpartei* und in der *Freiheitlichen Mitteldeutschen Jugend* neu sammeln.

Deutscher Kameradschaftsbund (DKB) Wilhelmshaven

Der *Deutsche Kameradschaftsbund* wurde im November 1991 mit dem Ziel des Aufbaus einer »nationalen und reichstreuen Einheitsfront aller nationalen Kämpfer« gegründet. Sein Leiter Thorsten de Vries wurde im November 1992 wegen Gewalttätigkeiten zu einer 16monatigen Haftstrafe ohne Bewährung verurteilt. Im Dezember 1992 wurde die neonazistische Gruppierung mit Sitz in Wilhelmshaven vom niedersächsischen Innenminister wegen Verstoßes gegen die verfassungsmäßige Ordnung verboten. Der Bund hatte sich laut Grundsatzprogramm zum Ziel gesetzt, sich gegen »Überfremdung und Asylbetrug« zu wehren, eine »volksdeutsche und heimattreue Erziehung« an Schulen einzuführen und »Deutschland in den Grenzen von 1937« wiederherzustellen. Er hatte etwa 60 Mitglieder und unterhielt enge Verbindungen zur Nationalen Liste und zur Hilfsorganisation für Nationale politische Gefangene und deren Angehörige e.V.

VI. Gewalt von rechts

Seitdem nahezu jede Nacht in Deutschland neue Anschläge und Gewalttaten verübt werden, ist rechtsextremer Terrorismus ins Blickfeld der Öffentlichkeit geraten. Doch der Terror von rechts hat Tradition.

1. Die erste Terrorwelle

Der Niedergang der NPD Anfang der siebziger Jahre hatte zwei Konsequenzen: die Bildung teils unorganisierter Zirkel und Netzwerke der Neuen Rechten und die Bildung von militanten Gruppen. Radikale Kräfte befürworteten militante Aktionsformen, wie sie bei der *Aktion Widerstand* erprobt worden waren. Einer der Wortführer dieses Flügels war der bayerische Landesvorsitzende Siegfried Pöhlmann, der 1972 die Konsequenzen zog und

Angriffsziele rechtsextremistischer Gewalttaten 1992

Anschläge auf Personen, Objekte und Einrichtungen, Hab und Gut in absoluten Zahlen

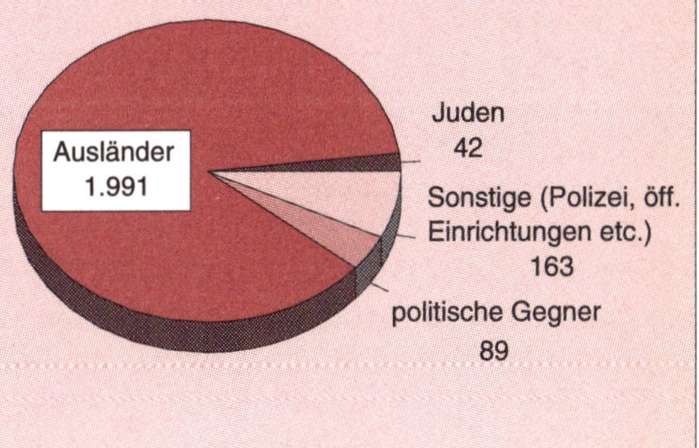

sich mit der *Aktion Neue Rechte (ANR)* von der »weichen Welle« verabschiedete.

Zur bekanntesten Wehrsportgruppe wurde die *Wehrsportgruppe Hoffmann (WSG)* des Graphikers Karl-Heinz Hoffmann aus Heroldsberg. Sie findet bis heute Nachahmer durch die *Kampfgruppen* bis hin zur 1992 ausgehobenen *I. Werwolf-Jagdeinheit Senftenberg*. 1974 begann Hoffmann in Franken mit paramilitärischen Übungen. Innere Struktur und äußeres Erscheinungsbild waren nach dem Kodex der SS ausgerichtet. Geistig-völkische Leitlinie der WSG war die Tradition der frühen NSDAP. In konspirativ organisierten Lagern, wie etwa in der Rhön, flatterten Fahnen mit Keltenkreuzen, wenn die Gruppen in ihren mit SS-Runen und Totenköpfen drapierten Uniformen ihre straffe Ausbildung absolvierten. Die Propaganda orientierte sich an den Reichsgrenzen von 1917, strebte eine Beendigung der »Holocaust-Lüge« an und forderte das Ende der parlamentarischen Demokratie. Die WSG hat eine mehrsprachige Zeitung mit dem Titel »Kommando« herausgeben, mit der sie in Westeuropa Mitkämpfer warb.

Auf ihr Konto gingen Überfälle auf Bundeswehreinrichtungen zwecks Waffenbeschaffung, Banküberfälle und Gewalttaten gegen Andersdenkende. WSG-Anhänger Gundolf Köhler war für das Bombenattentat auf dem Münchner Oktoberfest 1980 verantwortlich, bei dem 13 Menschen ums Leben kamen und 219 zum Teil schwer verletzt wurden. WSG-Pläne gab es auch für eine Befreiung von Rudolf Hess, Ermordung von Staatsanwälten und Abtrünnigen, ebenso wie für einen Anschlag auf die Ölraffinerie in Ingolstadt.

1980 wurde die WSG wegen ihrer gegen die freiheitlich demokratische Grundordnung gerichteten Tätigkeit rechtskräftig verboten. Sie hatte damals rund 400 Mitglieder, die den bewaffneten Kampf probten. Etliche Kämpfer setzten sich nach dem Verbot in den Libanon ab. Hoffmann selbst wurde wegen Verstößen gegen das Waffengesetz, Freiheitsberaubung, Körperverletzung und Geldfälschung insgesamt zu neuneinhalb Jahren Haft verurteilt.

Schon Anfang der achtziger Jahre hatte die Konfrontation zwischen Gewalttätern aus dem rechtsextremen Untergrund und der Polizei einen bis dahin nicht gekannten Härtegrad erreicht. Die *Deutschen Aktionsgruppen (DA)* verübten 1980 mehrere Sprengstoff- und Brandanschläge im gesamten Bundesgebiet, darunter den auf das Landratsamt in Esslingen, in dem eine Ausstellung über Auschwitz gezeigt wurde, und jene auf eine Schule in Hamburg sowie auf Flüchtlingsunterkünfte in Lörrach, Leinfelden und Hamburg, bei dem zwei vietnamesische Flüchtlinge tödlich verletzt wurden. Der Anführer der Gruppe, der ehemalige Rechtsanwalt Manfred Roeder, wurde zu einer Freiheitsstrafe von 13 Jahren wegen Rädelsführerschaft in einer terroristischen Vereinigung verurteilt. Roeder hatte als Führer der *Deutschen Bürgerinitiative* schon in den siebziger Jahren gefordert, die Demokratie müsse mit Stumpf und Stiel ausgerottet werden.

Eine andere Gruppe mit terroristischen Zügen war die *Volkssozialistische Bewegung Deutschlands – Partei der Arbeit VSBD/PDA*. Sie wurde 1982 verboten. Ihr Anführer Friedhelm Busse, Jahrgang 1929, saß nach eigener Angabe 58 Monate in Haft. Drei Jahre und neun Monate bekam er unter anderem wegen Unterstützung bei der Vorbereitung von Banküberfällen, Hehlerei und Strafvereitelung. Auf dem Weg zu einem Banküberfall wurden fünf Neonazis in München gestoppt. Zwei starben im Kugelhagel, die anderen und auch Friedhelm Busse konnten festgenommen werden. VSBD/PDA-Mitglied Frank Schubert erschoß an der deutsch-schweizerischen Grenze zwei Beamte und verletzte zwei weitere schwer. Zuletzt tötete er sich selbst. Friedhelm Busse ist heute Vorsitzender der FAP.

2. Skinheads und Hooligans

Mag die neonationalsozialistische Szene noch so klammheimlich und oft unbemerkt von den Medien und der Öffentlichkeit operieren – einer Gruppe ist Aufmerksamkeit gewiß: den *Skinheads*. Sie verkörpern am ehesten das Phänomen der offenen Gewalt gegen alles »Nicht-Deutsche«. Die »Skins« sind die Wasserträger, die »SA« der Rechtsaußenszene, auch wenn sich die Funktionäre der parlamentarischen Rechten noch so sehr von militanten Glatzköpfen distanzieren.

Die dumpfen Parolen über deutschen Ruhm und »Proißens Gloria« – so der Titel eines Skin-Magazins – werden ihnen unter anderem von rechtsradikalen Rockbands eingetrichtert.

Die bekannteste Skinband und zugleich Trendsetter ist »Skrewdriver« mit Ian Stuart aus England. Ihre Konzerte geben sie in ganz Europa, so auch in Polen. Nach einem

Die Gruppe Radikahl aus Nürnberg singt den Titel:
»Retter Deutschlands«

Oh, mein armes Deutschland,
nun bist du soweit.
Und keiner weit und breit, der dich befreit.
Doch so darf es nicht mehr weitergehn,
ich kann diese Brut einfach nicht mehr seh'n.
Nein, so kann es nicht mehr weitergehen,
ich kann diese rote Brut einfach nicht mehr seh'n.

Refrain:
Die Retter Deutschlands, das sind wir.
Für mein Heimatland kämpf ich wie
ein wildes Tier.
Treue, Blut und Ehre erhält unseren Stolz,
denn wir sind hart, wie deutsches Eichenholz.

Der »Kanaken-Song« ist auf einem Demo-Tape vom Endsieg zu finden:

Ich steh auf der Straße,
hab meine Augen auf.
Ich warte auf n'en Türken,
und dem hau ich eine drauf,
und wenn ich einmal dran bin,
dann tret ich auch noch rein,
is ja nur ein Türke,
ein altes Kümmelschwein.

Refrain:
Türke, Türke, was hast Du getan?
Türke, Türke, warum machen Du mich an?
Türke, Türke, was hast Du getan?
Türke, Türke, warum machen Du mich an?

Sie fressen ständig Knoblauch
und stinken wie 'ne Sau.
Sie kommen hier nach Deutschland
und leben hierfür lau.
Sie bauen hier nur Scheiße
und machen hier nur Dreck.
Man muß sie einfach töten,
alles andere hat keinen Zweck...

Refrain

Steckt sie in den Kerker
oder steckt sie ins KZ,
von mir aus in die Wüste,
aber schickt sie endlich weg.
Tötet ihre Kinder, schändet ihre Frauen,
vernichtet ihre Rasse,
und so werdet Ihr sie grauen.

Refrain

Skin-Bands

Aufruhr (Heidelberg), Kettenhund (Ludwigsburg), Sperrzone (Baden), Tonstörung (Mannheim), Springtoifel (Mainz), Werwolf (Gütersloh), Kraft durch Froide (Berlin), Rabauken (Erkrath), Linientroi, Störkraft (Andernach), Stuka (Gladbeck), Kahlkopf (Oberursel), Endstufe (Bremen), Noie Werte (Stuttgart), Commando Pernod (Hamburg), Volkszorn (Bruchsal), Offensive (Bonn), Kraftschlag (Barmstedt), Wotan, Radikaler Haß (Speyer), Kompagnie, Ernoierung, Volksgemurmel, Die wahre Pracht, Legion Condor (Radevormwald), Brutale Haie (Erfurt), Stahlkroitz, Saccara (Meppen), Oi Dramz (Hamburg), Bergische Löwen, Neue Rasse, Deutsche Arbeiterjugend, Kampftrupp, Sturmtrupp (Neuburg/Donau), Kampfhunde, Freikorps (Lübeck, Bad Schwartau), Volksaufstand, Die geächteten Fier, Vandalen, Nahkampf (Bremen), United Blood (Reinfeld/Holstein), Märtyrer (Wolfhagen).

Auftritt 1991 in Breslau klebten dort Zettel der Nationalistischen Front, und an Hauswänden waren Keltenkreuze gesprüht. Zu Auftritten von »Egeszeges Fejbör«, »Akzio Egysek«, »Mosoi 84«, »Ballago Idök« und »Fügetlen Ado« in Ungarn reisen auch Kameraden aus der »Ostmark«, wie Österreich im Insider-Jargon heißt, an. Skinbands gibt es heute in allen europäischen Ländern: »Verde Bianco Rosso« und »Peggior Amico« (Italien), »Cecibelios« (Spanien), »Sturmtruppen« (Schweiz), »Evil Skins«, »Bunker 84«, »Kontingent 88« und »Legion 88« (Frankreich), »Konkwista« (Polen), »Ultima Thule« und »Dirlewanger« (Schweden), »Cause of Honor« (Griechenland), »Celtic Dawn« (Irland), »Cross« (Kanada), »White Lightning« (Australien).

Die Konzerte werden kurzfristig organisiert, die Propaganda läuft über die »Fanzines« (Abkürzung von Fan-Magazin), über Telefonketten und von Mund zu Mund bei den einschlägigen Treffpunkten wie Kneipen, Bahnhöfen und Jugendzentren. Entsprechend liegen die Besucherzahlen der Konzerte zwischen 50 und 1.000. Es gibt einen geradezu explodierenden Markt für SkinMusik, sogenannte »Oi-Musik«. Auch die Produzenten werden mehr: »Rock-o-Rama« aus Brühl bei Köln ist neben »Walzwerk« und »Skull Records« der bekannteste. Doch Geschäftsinhaber Herbert Egoldt ist in der Szene wegen seiner Geschäftstüchtigkeit umstritten, auch lehnt er in letzter Zeit neonazistische Texte ab. Daher wechseln Bands zu anderen Produzenten, wie etwa »Metal Enterprises«. Der französische Produzent Gael Bodilis aus Brest, dem die Firma »Rebelles Européens« gehört, ist ein überzeugter Nationalist. In den Texten, die er herausbringt, steht im Mittelpunkt:

- Die weiße Rasse muß erhalten werden. Rassenmischung, Überfremdung, Internationalismus bedrohen sie.
- Die Feinde der weißen Rasse sind zu beseitigen.
- Skinheads sehen sich als Beschützer der Rasse, sie fühlen sich als SA unserer Zeit, als Kämpfer in einem bevorstehenden Rassenkrieg.

Der Markt wird versorgt von speziellen Versandunternehmen für CDs, MCs, Platten, Videos, Aufkleber, T-Shirts, Sturmhauben, Ärmelaufnäher, Koppelschlösser und Sticker. Ihre Kataloge sind fotokopiert, sie werden nur über Insiderkreise vertrieben (»Endsieg-Versand«, Bruchsal; »Donner-Versand«, Lüdenscheid; »Nordland-Video Stefan Rist«, Beckedorf; »OIV Versand, Werwolf«, Harsewinkel; »Disrespect Records«, Euskirchen; »DIM-Records«, Coburg).

Ideologischen Drill bekommen Skins auch von organisierten Kameraden bei den Jungen Nationaldemokraten, der Deutschen Alternative, der FAP oder der Nationalistischen Front und anderen. So ist Roy Brandt, genannt »der Bomber«, Skinhead-Anführer in Berlin-Lichtenberg und gleichzeitig Mitglied in der Deutschen Alternative. Der ESV-Versand in Bruchsal wird von einem Mitglied der Nationalistischen Front betrieben. In der Zeitschrift »Index« der Nationalen Liste in Hamburg sucht eine Skinhead-Band nach einem Übungsraum. Im großen und ganzen haben Skins keine Lust auf feste Strukturen, sie lehnen Mitgliedschaften ab. Das Zusammengehörigkeitsgefühl entsteht über das gemeinsame Musikerlebnis, sie identifizieren sich mit den Texten. Dennoch gibt es seit 1992 eine Skinhead-Vereinigung »Kreuzritter für Deutschland« aus Fellbach.

Kampf für Deutschland – das heißt für sie Terror gegen Ausländer und Linke, die sie als »Zecken« bezeichnen, gegen Homosexuelle, Stadtstreicher oder Behinderte. Wenn Skins hinter Gitter kommen, kümmert sich die Hilfsorganisation für nationale politische Gefangene und deren Angehörige e.V. (HNG) um sie, das heißt, sie besorgt Rechtsanwälte, Knast-Abos, Besucher und Briefkontakte, Briefmarken oder was sonst so benötigt wird.

Dutzende von sogenannten *Fanzines*, also »Fan-Magazinen«, sind auf dem Markt: »Ketzerblatt Frontal«, »Clockwork Orange«, »S – Z Skinheadzeitung«, »Blood and Honour«, »Glatzenreport«, »Nordwind«, »Schlachtruf», »Totenkopf«, »Macht und Ehre«, »Stahlfront«, »Odalrune«, »Sachsens Glanz«, »Der Vollstrecker«, »Denkmal«, »Das Kroitz«, »Standarte«, »Kampfgeist«, »Phönix«, »Mobfroind«, »Glorreiche Taten«, »Der Aktivist«, »Skinhead Erwache« – um nur einige Titel zu nennen. »Volkstreue« aus Recklinghausen wird von einer jungen Frau mit guten Kontakten zur FAP und zur Wiking-Jugend gemacht. Sie versucht, frauenspezifische Themen zu behandeln (»Verpflichtung und Aufgabe der

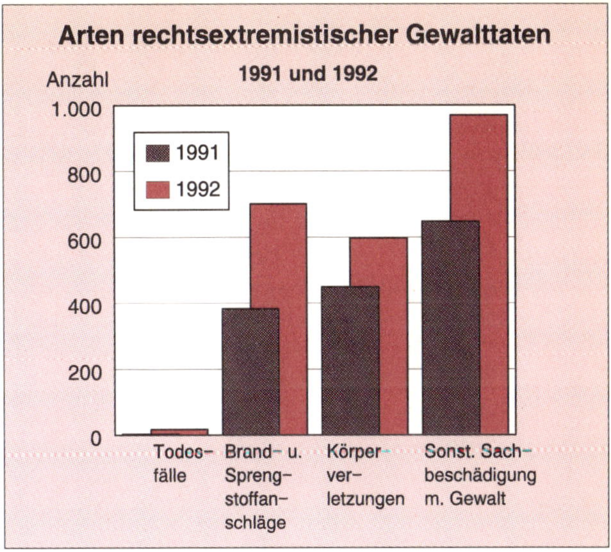

Frau«, »An meine Mutter«, Interview mit der irischen Gruppe Women for Aryan Unity – Frauen für arische Einheit).

Über einen Kamm zu scheren sind Skinheads nicht. Die Bewegung entstand in den sechziger Jahren in England und fußte auf proletarischen Traditionen. Ende der achtziger Jahre sind viele Skins politisiert worden. Rechtsextreme Gruppen betrachten sie seither als Rekrutierungsfeld. Es gibt die Fascho- oder Nazi-Skin-Szene mit einem festen rassistischen Weltbild. Diese Skinheads halten die Vorherrschaft der weißen Rasse hoch, sammeln sich unter dem Keltenkreuz und »drücken Kohle ab« beispielsweise für die Prozeßkosten eines Neonazis, des nach Österreich abgeschobenen Karl Polacek.

Daneben gibt es vor allem im Westen Deutschlands Skins, die eine rechtsextreme Orientierung haben, welche noch nicht verfestigt ist. Auch relativ unpolitische Skins, denen vorwiegend an Provokation gelegen ist, bilden

Skinheads

Die Skinhead-Bewegung entstand Ende der sechziger Jahre in England in den von Arbeitslosigkeit am stärksten betroffenen Industriestädten. Dabei stammten die jugendlichen »Skins« zumeist aus der unteren Schicht der Arbeiterklasse. In den achtziger Jahren haben sich die Skinheads, deren Name (wörtlich: Haut-Köpfe) auf ihre kahlrasierten Schädel hinweist, zu einem internationalen Phänomen entwickelt. Die Bewegung ist nicht im Sinne einer Partei organisiert. Sie bildet eine diffuse Gruppierung, die in mehrere Strömungen unterteilt ist: in Nazi-Skins, unpolitische Skins, antirassistische Skins und Red-Skins (Anarcho-Skins). In der Bundesrepublik Deutschland sind Teile der Skins in den letzten Jahren stark politisiert worden, so daß es heute 6.000 bis 7.000 rechtsextremistische und zumeist gewaltbereite Skinheads gibt.

einen Teil dieser Jugendkultur. Sie pflegen bevorzugt Männlichkeitsrituale. Es gibt auch Frauen in der Skin-Bewegung (»Renees«) und eine sog. »Skingirl-Front«.

In Ostdeutschland ist die Skin-Bewegung nicht erst 1989 entstanden. Bereits Anfang der achtziger Jahre tauchten Skin- oder Fascho-Gruppen auf, aber die Behörden haben sie zu dieser Zeit nur als Rowdies eingestuft. Rechtsextreme Jugendliche durfte es im antifaschistischen deutschen Staat nicht geben. Damals definierten sich die Skins als nationalsozialistische Opposition gegen das SED-Regime. Heute ist ihr Politisierungsgrad erheblich höher als im Westen, die Einbindung in neonazistische Denkmuster ist wesentlich stärker ausgeprägt. Nach Angaben des Verfassungsschutzes gibt es im Osten mindestens 3.800 gewaltbereite Neonazi-Skins, im Westen etwa 2.600.

Kurz vor dem Anpfiff zur 30. Bundesligasaison hatte auch das Bundesjugendministerium erkannt, daß die »bundesdeutsche Fanszene eine Brutalität zeigt, die man bisher nur vom Ausland kannte«. 10.000 gewaltbereite Fußballfans, *Hooligans,* soll es in Deutschland geben. Mittlerweile wurde eine bundesweite Koordinierungsstelle mit drei Planstellen eingerichtet. 200.000 Mark stellte die Bundesregierung bereit, 100.000 der Deutsche Fußball-Bund und die Bundesligavereine je 60.000 Mark. Das dürfte indessen gerade für die Personalkosten reichen.

Auf der Suche nach neuen Anhängern begannen Rechtsextreme Anfang der achtziger Jahre ein gezieltes Rekrutierungsprogramm rund um die Stadien. So forderte Michael Kühnen im Informationsbrief Nr. 5 der ANS/NA die Kameradschaft 1 in Hamburg auf, »den Einfluß unserer Bewegung auf Skinheads, Fußballfans usw. auszudehnen«. Diese Anbiederungskampagne wurde damals von Politikern und Vereinsfunktionären milde belächelt. Doch inzwischen ist ihnen das Lächeln vergangen, die »Ménage à trois« – Skins, »Fans« und Neonazis – war teilweise erfolgreich.

»Am 26. Oktober 1983 steht dem deutschen Volke der Kampf gegen das stinkende Türkenpack bevor. Dann nämlich, wenn die deutsche Fußballnationalmannschaft gegen die Scheiß-Türken in Berlin um Punkte für die Europameisterschaftsqualifikation antritt... Hinter diesem Spiel steht besonders der Kampf der Deutschen um Arbeitsplätze im eigenen Land... Darum Ausländer raus!... Nur Gewalt kann uns noch befreien. Wir müssen den Anfang machen! Egal welcher Verein: Auf nach Berlin zum Kampf gegen die Kanaken.« Das ist ein Zitat aus einem Flugblatt, das Fans von Hertha BSC Berlin »im Namen aller Deutschen an alle deutschen Fußball-Fans« richteten. Zur Fußballweltmeisterschaft hatte die Nationalistische Front aus Detmold zur »Italien-Offensive« aufgerufen. Ihre Parolen: »White Power«, »Ich bin stolz, ein Neonazi zu sein«, »Hooligans Deutschland – Gewalt beim Fußball«.

Auch die NPD sieht in Fans eine vielversprechende Zielgruppe. Beispielsweise hat sie beim Meisterschaftsspiel des VfB Rheine gegen den Bünder SV Flugblätter verteilt. »Politiker, vor allem wenn sie rote und grüne Pappnasen tragen«, so stand da, »hoffen mit Hilfe des Ausländerwahlrechts die Asylanten als Stimmvieh mißbrauchen zu können.« Wenn vor Stadien Flugblätter verteilt wurden, sagte der Münchner NPD-Mann Karl-Heinz Sendbühler, sei der Rücklauf recht brauchbar.

Zwar haben Fußballfanklubs wie die »Borussenfront« (Dortmund), »Adlerhorst« (Frankfurt) oder »Zyklon B« (Berlin) für Schlagzeilen gesorgt, doch diese Welle ebbte wieder ab. NPD und FAP versuchen, mit Flugblättern gezielt Fußballfans zu bearbeiten, sie tauchen in Kneipen der Fanszene auf, sonderlich viel Anklang finden sie nicht. Eine tatsächliche Indoktrinierung gelingt nur selten. Die Fanclubs haben wenig Neigung zu schulmeisternden Anführern. Sie reagieren eher spontan, wollen sich nicht in organisatorische Bahnen pressen lassen. Nach einer Bielefelder Untersuchung fühlen sich allerdings fast zehn Prozent der Fußballfans dem rechtsextremen Lager verbunden. Sie brüllen braune Parolen, skandieren Schlachtrufe wie »Sieg Heil!« oder »Kanaken raus!« und beschimpfen Gegner und Schiedsrichter als »Juden«, ohne unbedingt ein festgefügtes neonazistisches Weltbild zu haben.

Skins und »Fans« fühlen sich vom Platz gestellt, ohne daß sie ein Foul begangen haben. Sie sehen sich in einer kaputten Welt der verlorenen Illusionen und enttäuschten Hoffnungen. Es fehlt ihnen jegliche Identifikation und gesellschaftliche Akzeptanz. Übrig bleibt Provokation als eine der ganz wenigen Möglichkeiten, sich bemerkbar zu machen. Es ist ihre Weise, der Gleichgültigkeit von Eltern und Lehrern etwas entgegenzusetzen. In der Gruppe ist dann Gewalt oft nicht mehr nur eine Faust, abgebildet auf dem Rücken von Bomberjacken.

3. Hoyerswerda, Rostock, Mölln

Mit dem Fall der Mauer im November 1989 machten sich sofort nahezu alle rechtsextremen Gruppen und Parteien auf den Weg nach Osten. Schon bei den Montagsdemonstrationen waren Nationaldemokraten, Republikaner, die Burschenschaft Danubia bis hin zu Anhängern so obskurer Gruppen wie der Tempelhofgesellschaft mit von der Partie. Rechtsextremisten jedweder Ausrichtung betrachteten das Gebiet der ehemaligen DDR als Rekrutierungsfeld.

Werbematerialien wie Flugblätter, Aufkleber, Kugelschreiber, Feuerzeuge und Wimpel wurden 1990 kistenweise in die damalige DDR geschafft, aber auch Computer, Schreibmaschinen, Kopierer und Druckmaschinen. Alle rechtsextremen Zeitschriften, von »Sieg« über »Nation und Europa« zum NPD-Parteiorgan »Deutsche Stimme« gaben kostenlose oder stark verbilligte Abonnements an die »mitteldeutschen Landsleute« ab. Das Monatsblatt »Recht und Wahrheit« des ehemaligen Generalmajors der deutschen Wehrmacht Otto Ernst Remer bat seine Leser um Bezieherpatenschaften speziell für Schüler und Studenten in den neuen Bundesländern. Aber es wurden auch eigenständige Zeitschriftenprojekte gefördert, wie beispielsweise die »Deutsche Linie – Dresden« von »Europa vorn« oder die »Leipziger Freiheit« von der Burschenschaft Danubia aus München. Die Danuben (Motto: Wir haben schon so manchen auf den *rechten* Weg gebracht – in Studium und Politik) stehen am äußersten rechten Rand des burschenschaftlichen Spektrums.

NPD und Republikaner übertrumpften sich gegenseitig mit angeblich enormen Mitgliederzahlen. In der NPD-

Zeitung »Deutsche Stimme« waren die Anschriften der fünf neuen Landesverbände ausgedruckt. In Brandenburg allerdings war 1990 die angegebene Adresse noch Fehlanzeige. Die Landesvorsitzende gab an, daß außer einem einmaligen Kontakttreffen keine weiteren Aktivitäten zustande gekommen seien. Dagegen hatte der NPD-Landesverband Sachsen im Dezember 1990 bereits ein Büro mit entsprechender Ausstattung und Bibliothek in Leipzig. Im März 1991 gab es in Sachsen schon acht funktionierende Kreisverbände der NPD.

Bei der ersten gesamtdeutschen Bundestagswahl am 2. Dezember 1990 konnte die NPD dennoch keine nennenswerten Erfolge im Osten erzielen. Nach der Analyse des Verfassungsschutzes (Rechtsextremismus im vereinten Deutschland, von Heinrich Sippel) hat »die überschäumende Welle der patriotischen Begeisterung« die Rechtsextremisten überrollt und ihnen die Schau gestohlen, denn die Regierungskoalition habe »die drangvolle Zielgerichtetheit des Volkswillens« erkannt und diesen zur Maxime ihres Handelns gemacht.

Die NPD hatte den Wahlkampf hauptsächlich mit nationalen Parolen geführt. Doch heute verfolgt die Partei nach Angaben des sächsischen Landesvorsitzenden Jürgen Schön die Strategie, sich an die Spitze einer sozialen Bewegung zu setzen, Wortführer der Unzufriedenen zu werden.

Mittlerweile ist es Nationaldemokraten, Republikanern und der Deutschen Volksunion gelungen, flächendeckende Strukturen und einen entsprechenden organisatorischen Apparat in den fünf östlichen Bundesländern aufzubauen.

Neonazistische Gruppen aus dem Westen machten im Osten mobil und trafen dort auf teilweise schon vorbereitete Strukturen. Einige hundert Neonazis und Skinheads waren den Behörden der DDR bekannt. Doch die Zahlen wurden damals öffentlich totgeschwiegen. Rechtsextre-

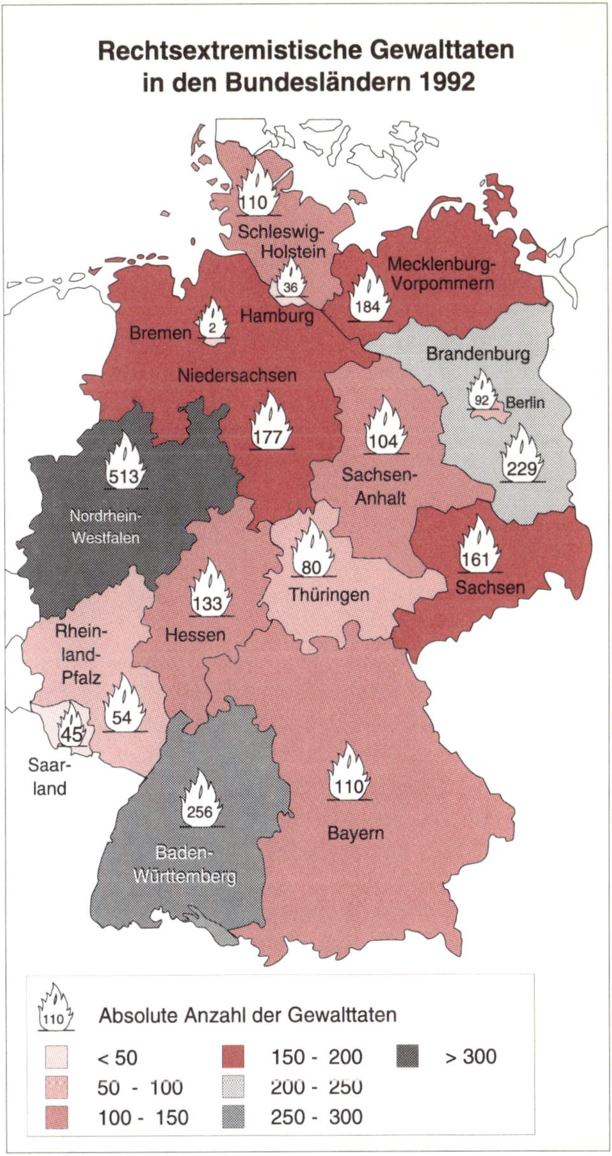
Rechtsextremistische Gewalttaten
in den Bundesländern 1992
110
Schleswig-
Holstein
36
Hamburg
Mecklenburg-
Vorpommern
184
Bremen
2
Niedersachsen
177
Brandenburg
92
Berlin
229
104
Sachsen-
Anhalt
513
Nordrhein-
Westfalen
80
Thüringen
161
Sachsen
133
Hessen
Rhein-
land-
Pfalz
54
45
Saar-
land
256
Baden-
Württemberg
110
Bayern
110
Absolute Anzahl der Gewalttaten
< 50
50 - 100
100 - 150
150 - 200
200 - 250
250 - 300
> 300

mismus wurde als ein Produkt der kapitalistischen Gesellschaft betrachtet und durfte also in der DDR offiziell nicht exisitieren.

Schnell bildeten sich nun neonazistische Gruppen wie die Antikommunistische Aktion in Cottbus, Schutzstaffel Ost, Schlesische Befreiungsfront, Weimarer Front, Söhne der Arier und Nationalsozialistischer Arbeiterbund Deutschland. Diese Gruppen haben wechselnde Namen, ihr Personal fluktuiert, aber sie breiteten sich in jener Zeit aus und bildeten ein Netzwerk über viele Städte und Ortschaften. Die Organisationsstrukturen und Aktionsformen ähneln denen der autonomen Szene im Westen.

Doch die Behörden reagierten spät, und die Polizei fühlte sich überfordert. Im Osten Deutschlands kannte man weder die Namen der neonazistischen Gruppen noch ihre Symbole. Die Polizei war so schlecht ausgerüstet, daß sie häufig erst an den Tatorten von Überfällen anrückte, wenn alles schon wieder vorbei war. So geschehen zum Beispiel in Dresden-Neustadt, als Skinheads das Café Bronxx demolierten.

Jugendliche aus dem rechten Umfeld fühlten sich zum Vollstrecker eines vermeintlichen Volkswillens berufen und machten Ausländer zu Sündenböcken für die soziale Misere und ihre eigene Frustration. Hoyerswerda war das Zeichen zum Losschlagen, dann schwappte die Welle der Gewalt in den Westen zurück. Nach den Ausschreitungen von Hoyerswerda im September 1991 wie nach den Krawallen von Rostock im August 1992 ist die Gewaltwelle explodiert bis hin zu den Morden von Mölln, bei denen drei Menschen ums Leben kamen. 17 Tote gab es insgesamt 1992 durch rechtsextremen Terror.

Aus Fremdenhaß und rechtsextremer Gesinnung sind 1992 über 50 Prozent mehr Gewalttaten verübt worden als im Vorjahr. Das Bundesamt für Verfassungsschutz in Köln teilt mit, daß 1992 insgesamt »2.285 Gewalttaten mit erwiesener oder zu vermutender rechtsextremisti-

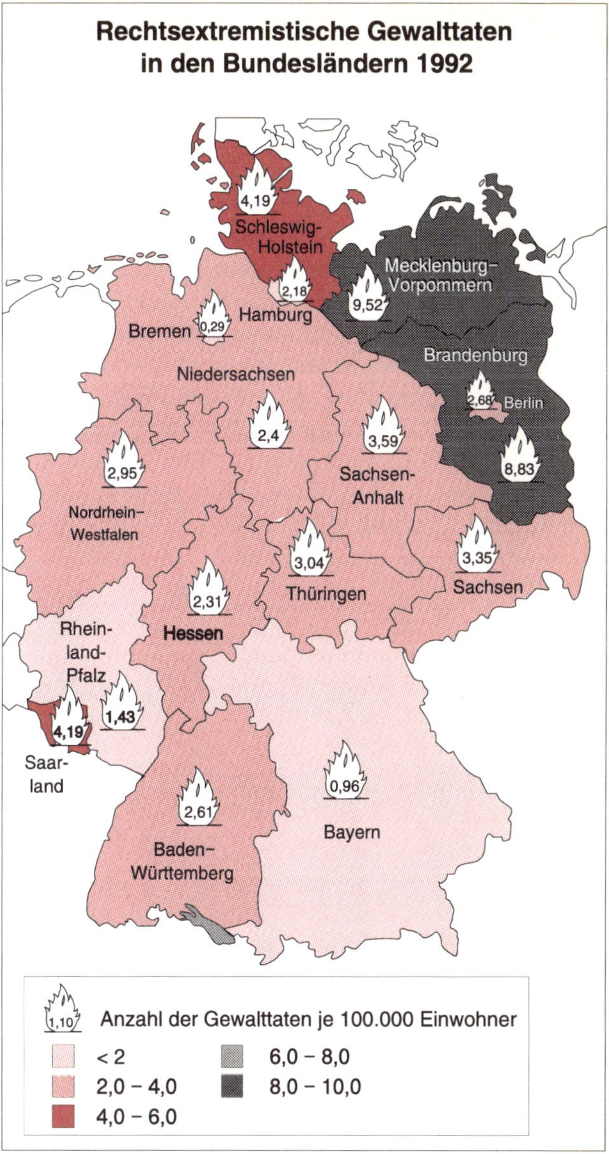
Rechtsextremistische Gewalttaten
in den Bundesländern 1992
4,19
Schleswig-
Holstein
2,18
Hamburg
Mecklenburg-
Vorpommern
9,52
Bremen
0,29
Niedersachsen
Brandenburg
2,68
Berlin
2,4
3,59
8,83
2,95
Sachsen-
Anhalt
Nordrhein-
Westfalen
3,04
3,35
2,31
Thüringen
Sachsen
Rhein-
land-
Pfalz
Hessen
4,19
1,43
Saar-
land
0,96
2,61
Bayern
Baden-
Württemberg
1,10
Anzahl der Gewalttaten je 100.000 Einwohner
< 2
2,0 – 4,0
4,0 – 6,0
6,0 – 8,0
8,0 – 10,0

scher Motivation« registriert wurden. Das Bundeskriminalamt zählte 4.587 »ausländerfeindliche Straftaten«.

Laut Innenminister Schnoor hat es 1992 allein in Nordrhein-Westfalen 1.707 fremdenfeindliche Straftaten gegeben. Wenn man die Häufigkeit der Gewalttaten gegen Ausländer ins Verhältnis zur Einwohnerzahl setzt, steht Nordrhein-Westfalen aber nicht an erster sondern an zehnter Stelle. Die meisten fremdenfeindlichen Übergriffe, bezogen auf die Bevölkerungszahl, sind in Brandenburg und Mecklenburg-Vorpommern geschehen. Baden-Württemberg zählte 737 ausländerfeindliche Straftaten und Bayern 429 (Angaben der Innenminister).

Etwa 70 Prozent der mutmaßlichen Täter sind zwischen 15 und 20 Jahre alt und neonazistisch beeinflußt.

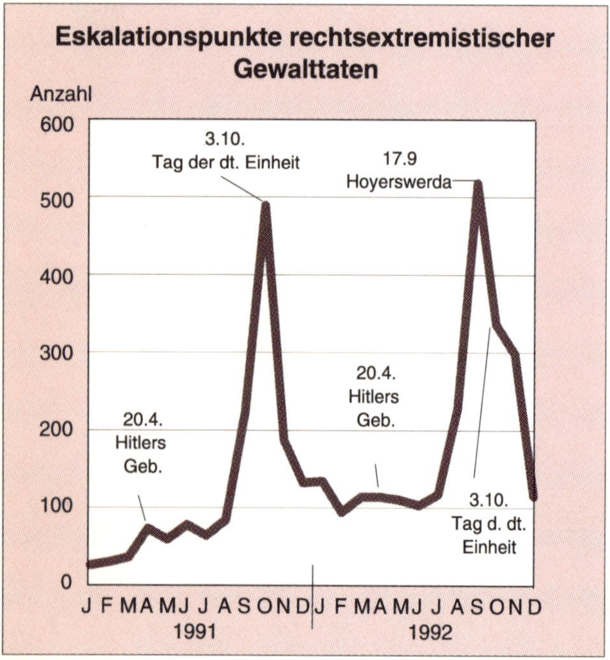

Über die meisten Tatverdächtigen haben die Landesämter für Verfassungsschutz keine Erkenntnisse hinsichtlich der Mitgliedschaft in rechtsextremen Gruppierungen.

Dennoch sind unter den mutmaßlichen Tätern etliche, die einschlägigen Gruppen angehören. So war einer der mutmaßlichen Brandstifter von Mölln Mitglied der Freiheitlichen Deutschen Arbeiterpartei und gehörte zu den Lesern des militanten Blattes »Querschläger«, die mutmaßlichen Mörder eines Mannes in Wuppertal, den diese für einen Juden hielten, waren Mitglieder der Nationalistischen Front. Die beiden Männer, die am 21. November 1992 in Dortmund laut Polizeibericht einem 21jährigen lebensgefährliche Verletzungen am Herzen beibrachten, sind bei den Republikanern organisiert.

Die meisten rechtsextremen Gruppen haben sich verbal von der Gewalt distanziert. Andere haben Rostock als »Fanal« (Zeitschrift »Sieg«) gefeiert, als »Beginn einer Revolution« (Ewald Althans) und als »Revolutionsetüde« wie die Zeitschrift »Staatsbriefe«. »Nach diesem ersten Aufbegehren der deutschen Jugend in Hoyerswerda gegen die systematische Überfremdung und die dadurch eingeleitete Ausrottung des deutschen Volkes, wurde jetzt in Rostock ein neues Zeichen für den Widerstandswillen der Deutschen, insbesondere der deutschen Jugend, gegen den geplanten mörderischen Volkstod gesetzt«, schreibt das deutsch-österreichische Blatt »Sieg«.

VII. Internationaler Rechtsextremismus

Obgleich man geneigt sein mag, den Rechtsextremismus seiner nationalistischen Natur wegen auf einzelne Länder beschränkt zu sehen, gibt es doch eine ausgedehnte Zusammenarbeit von Rechtsextremisten in ganz Europa.

1. Internationale Treffen

Seit 1945 war für die extreme Rechte das Klima noch nie so günstig in Europa wie Anfang der neunziger Jahre. Der französische Politiker Le Pen liegt zwischen zwölf und 20 Prozent. Bei den Nationalratswahlen im März 1993 stimmten 3,2 Mio. Wähler für seine Partei, in zehn Wahlkreisen erreichte sie über 40 Prozent. In Belgien kam der *Vlaams Blok* landesweit auf 11, und in Antwerpen, der zweitgrößten Stadt des Landes, auf 21 Prozent. In Italien machen die *Leghe* bei Wahlen Furore, und im Osten Europas ersteht ein längst totgeglaubter Nationalismus neu.

Rassismus und nationaler Dünkel sind das Erfolgsrezept und der gemeinsame Nenner aller erfolgreichen Rechtsaußenbewegungen in Europa. Auf dieser Basis versteht man sich ganz prächtig. Und so reisen denn die unterschiedlichsten Gruppen zu internationalen Treffen an, von denen das Ulrichsbergtreffen in Kärnten, die Ijzerbedevaart in Flandern, der Rudolf-Hess-Marsch in Deutschland und das Franco-Gedächtnistreffen in Spanien die bekanntesten sind.

Ulrichsbergtreffen

Jedes Jahr im Spätherbst fahren alte Kameraden von der Waffen-SS, aber auch junge Heldenverehrer aus Europa nach Kärnten zum Ulrichsbergtreffen. 1990 war auch Jörg Haider, der Vorsitzende der Freiheitlichen Partei

Österreichs FPÖ, dabei und hielt die Festrede. »Wir haben uns für niemanden, der hierherkommt, zu entschuldigen«, sagte er, und die Veteranen hörten das gern. Mit ihrem Einsatz hätte diese Soldatengeneration »die Grundlagen für Frieden und Freiheit in Europa« gelegt, rief Haider unter brausendem Applaus. Jörg Haider initiierte das Volksbegehren für »Einwanderungsstopp« im Januar 1993. Doch trotz gelegentlicher Ausrutscher wie dem von der »ordentlichen Beschäftigungspolitik Hitlers«, der ihn 1991 zum Rücktritt als Landeshauptmann zwang, achtet er auf Distanz zu den »Verrückten« aus der Neonazi-Szene. Dennoch stand ihm 1990 auf dem Ullrichsberg Manfred Roeder, Vorsitzender einer deutschen Neonazigruppe, ganz nahe. Roeder schildert die Begegnung so: »Jörg Haider empfing uns im Europahaus, begrüßte uns besonders beim Ulrichsbergtreffen und lud uns ein auf die Ehrentribüne beim Festzug.« Roeder war mit den Shark-Hunters, amerikanischen Gesinnungsgenossen, nach Österreich gereist.

Haider, der vor Kameras schon mal am Gummiseil in die Tiefe springt, ist politisch eher ein Senkrechtstarter, einer der erfolgreichsten Politiker der Rechten in Europa, neben Jean-Marie Le Pen von Front National in Frankreich.

Ijzerbedevaart

»Eine gute Sache ist das, was da abläuft in Rostock, aber es fehlt die Disziplin und der richtige Schliff«, sagte ein deutscher Teilnehmer an der *Ijzerbedevaart* 1992 in einem Ton zwischen Belehrung und Siegesgewißheit, »aber das bringen wir denen schon noch bei.« Rostock in Mecklenburg-Vorpommern ist weit entfernt von Diksmuide in West-Flandern, rund 1.000 Kilometer sind es. Während an der Ostsee dumpfer Terror gegen Ausländer wütete, bejubelte im flämischen Diksmuide der harte Kern der europäischen Rechtsextremisten die Rostocker

Krawalle als »Fanal«, als Durchbruch in die richtige Richtung.

Schon im Frühsommer sind alljährlich die Hotel- und Pensionszimmer in Diksmuide ausgebucht, Campingplätze belegt und Standplätze für Wohnmobile besetzt. Ijzerbedevaart in Diksmuide – hier marschiert alljährlich das nationale Flandern, unterstützt von Volkstumsfanatikern aus ganz Europa. Im Kampf gegen »fremdrassige Elemente« ist man sich einig: »Flandern den Flamen« und »Duitsland den Duitsen«.

In Diksmuide findet das älteste Treffen der Nationalisten und Rechtsextremisten aller Schattierungen von Neonazis bis zu intellektuellen Neurechten in Europa statt. Dabei stellen Deutsche nach den Flamen das stärkste Kontingent. Vertreten waren 1992 die Nationalistische Front, die Initiative Volkswille, die Deutsche Alternative, Burschenschafter, der Bund Heimattreuer Jugend, Wiking-Jugend e.V., FAP und Junge Nationaldemokraten, insgesamt etwa 500, nach Polizeiangaben sogar 800. Davon waren 200 Skinheads. Slogans auf T-Shirts: Blood and Honour, Ku-Klux-Klan, White Pride – dazu Konterfeis von Rudolf Hess.

Anders als in Deutschland, wo sich heimliche Fans des Dritten Reiches in Kneipenhinterzimmern treffen, schallt in Diksmuide »Sieg Heil!« laut über die Straße. Nicht dreimal, sondern zwölf-, fünfzehnmal brüllen sie es. Dann schnellen die Arme hoch zum Hitler-Gruß. In Diksmuide ist man unter sich. So freizügig im Hinblick auf Gesten, Uniformen und Symbole können sich Neonazis sonst kaum bewegen, höchstens in Spanien.

Die Bevölkerung in Diksmuide ist tolerant, offenbar sympathisiert sie auch teilweise mit den Gruppen, die mehr und mehr die katholischen wie separatistischen Ursprünge verdrängen. Im Hof ten Vlaanderen, dem Sturmlokal, wird von der Aktionsgemeinschaft Voorpost und dem Vlaams Blok ein »Europese Kameraadschapsavond« (europäischer Kameradschaftsabend) abgehalten. Mit dieser Veranstaltung ist für den harten Kern inzwischen der Samstagabend wichtiger geworden als die traditionelle Feier und der Aufmarsch am Sonntag, der eigentliche Höhepunkt der flämischen Jubelfeier. Einer der Organisatoren des völkischen Super-Things ist Peter Logghe, »hoofredakteur« der Voorpost-Zeitung »Revolte«, in Deutschland einschlägig bekannt durch seine Artikel in rechtsextremen Zeitschriften wie »Nation und Europa«, »Europa vorn«, »Staatsbriefe«. Die versammelte Euro-Rechte wurde in flämisch, englisch, französisch und deutsch begrüßt. Beifall gab es für die Delegationen aus Südafrika, Schweden, Holland, Frankreich, Irland, England, Italien und Deutschland.

Sonntags ist die Zeit für die Aufmärsche. Mit Fanfarenklang und Trommelwirbel, unter den Fahnen mit dem flämischen Löwen zieht die Vlaams Nationale Jeugd mit deutschen Abordnungen unter der Odalsrune in Viererreihen durch die Stadt. Danach wird auf dem Soldatenfriedhof von Langemarck noch eine Heldengedenkfeier abgehalten. Die Redner sind von der ehemaligen SS-Division Wiking und trauern »in treuem Gedenken« der »deutsch-flämischen Waffenbrüderschaft« nach. Seit 16 Jahren schon wird die Flandern-Fahrt alljährlich Ende August für deutsche Teilnehmer organisiert.

Franco-Gedenktag in Madrid

Neben Flandern ist Madrid Schauplatz eines jährlichen Aufmarsches. Dort gedenkt man am 20. November des Generalisimus Franco und des Falange-Gründers José Antonio Primo de Rivera. Man trifft sich in Madrid und im Valle de los Caidos, knapp 100 Kilometer nördlich der Hauptstadt in der Sierra de Guadarrama, in der Krypta der Gedenkstätte für die »Kämpfer für ein vom Bolschewismus befreites Spanien und die Neuordnung Europas«.

Es finden sich Neonazis ebenso ein wie ehemalige Mitglieder der »Division Azúl«, die mit der deutschen Wehrmacht im Osten Europas kämpfte. Gute Verbindungen gibt es auch zu dem 1965 in der Bundesrepublik gegründeten »Circulo Expanol de Amigos de Europa (Cedade)«, der seinen Sitz in Barcelona hat. »Cedade« verfügt über Gruppen in vielen spanischen Städten sowie in Süd- und Mittelamerika. »Cedade«-Präsident Pedro Varela kommt gelegentlich auch nach Deutschland, beispielsweise zur Vorbereitung der Feier des Hitler-Geburtstags. Er nahm auch an der ersten gesamtdeutschen Sonnwendfeier, organisiert von der NPD, im Juni 1990 an der thüringisch-bayerischen Grenze teil. Im November 1992 wurde Varela in Österreich in Haft genommen und Ende Dezember desselben Jahres wieder auf freien Fuß gesetzt. »Cedade« leistet Unterstützung, wenn Rechtsextremisten andernorts in Europa der Boden zu heiß wird. So wurde zum Beispiel der Druck für die »Remer-Depesche« und die Zeitschrift »Sieg« übernommen.

Rudolf-Hess-Gedächtnismarsch

Zu einer vierten europaweiten Wallfahrt der Rechtsextremen hat sich der Gedächtnismarsch für Rudolf Hess alljährlich im August entwickelt. Hess ist für Neonazis die Symbolfigur geworden. Er war schon früh der Hitler-Bewegung beigetreten und hatte sich bereits in der »Kampfzeit« bewährt. Seit seinem England-Flug am 10. Mai 1941 war Hess inhaftiert. Am 17. August 1987 ist er im Gefängnis in Berlin-Spandau gestorben. Zum Märtyrer wurde Hess für Neonazis, weil er schon jung für den Nationalsozialismus kämpfte, weil er jahrelang in Einzelhaft saß, vor allem aber, weil er beim Nürnberger Prozeß die Schlußworte sprach: »Stünde ich wieder am Anfang, würde ich wieder handeln, wie ich handelte. Auch wenn ich wüßte, daß am Ende ein Scheiterhaufen für meinen Flammentod brennt. Gleichgültig, was Menschen tun, dereinst stehe ich vor dem Richterstuhl des Ewigen, ihm werde ich mich verantworten, und ich weiß: Er spricht mich frei!« Hess ist der Inbegriff der Unbelehrbarkeit, welche Neonazis als Unbeugsamkeit werten, weil er selbst dann, als jeder von den millionenfachen Verbrechen des Nationalsozialismus wußte, nichts bereute.

Daher organisierten 1992 Neonazis aus dem In- und Ausland schon zum fünften Mal die braune Wallfahrt nach Franken. Denn Hess ist in einem Familiengrab in Wunsiedel beerdigt. 2.000 Hess-Fans kamen 1992 zum Marsch. Einige wurden durch Polizeikontrollen an ihrem Erscheinen gehindert. Unter den beteiligten Organisationen sind zumeist die Nationale Liste (NL), die FAP, Wiking-Jugend und Ruhrfront, die Nationale Offensive (NO), der Bund Reichstreuer Jugend, die Deutsche Alternative, die Kameradschaft Gorbitz aus Dresden, die Gemeinschaft Deutscher Osten (GDO), die British National Party (BNP) und The Heritage Front (USA), außerdem Gruppen aus Österreich, Dänemark, Spanien und Belgien. Über den Marsch von 1992, der trotz Verbot stattfand, schrieb die Heimattreue Vereinigung Deutschlands (HVD): »Trotz allgemeiner Verfolgung und Beobachtung gelang es uns, in Rudolstadt eine spontane Kundgebung auf die Beine zu stellen. Diese war selbst für die bundesdeutschen Ordnungshüter so spontan, daß sie uns nichts entgegensetzen konnten.«

Dafür entwickelten die Einsatzleiter der Neonazis eine trickreiche Logistik. Sie hatten in 20 Städten Demonstrationen angemeldet. Die Trupps in PKWs, Kleinbussen und Bussen waren untereinander per Funktelefon in ständiger Verbindung. Sie hörten den Polizeifunk ab und waren so über die Einsätze und damit über den Erfolg der falsch gelegten Fährten informiert. In Ruhe warteten die Hess-Verehrer an zwei Autobahnraststätten den geeigneten Moment ab und lotsten dann die Fahrzeuge nach Rudolstadt.

2. Internationaler Revisionismus

Die sogenannten Revisionisten initiieren Kampagnen großen Stils in Europa sowie in Nord- und Südamerika. Sie verbreiten die These, NS-Verbrechen hätten nicht stattgefunden, insbesondere sei die Massenvernichtung von Juden in den Gaskammern im Osten eine Propagandalüge. Die bekanntesten Leugner des Holocausts sind der Brite David Irving, der Deutsch-Kanadier Ernst Zündel, die Franzosen Robert Faurisson und Henri Roques sowie die Deutschen Thies Christophersen, Manfred Roeder und Wilhelm Stäglich.

Viermal versuchten Neonationalsozialisten und Nationaldemokraten 1991, Kundgebungen mit in- und ausländischen *Revisionisten* durchzuführen. So steht es im Verfassungsschutzbericht. Die größten dieser Veranstaltungen wurden verboten.

Eine offene Tür fanden diese Revisionisten dagegen in Baden-Württemberg. Dr. Manfrid Dreher, CDU-Mitglied, langjähriger Mandatsträger seiner Partei und Vizepräsident der Vereinigung Mittelständischer Unternehmer in Deutschland, lud den bekanntesten Vertreter der Holocaust-Leugner, den Briten David Irving, als Redner ein. Seit 1990 ist Irving zur Zurückweisung an der Grenze ausgeschrieben, dennoch gelingt es ihm immer wieder, unbemerkt nach Deutschland einzureisen.

Der Vortrag sei dem »Zurechtrücken der Vergangenheit« gewidmet, hieß es im Text der Ankündigung, die Dreher an rund 500 Personen, darunter Mitglieder des Pforzheimer Lions-Clubs, verschickte.

Ursprünglich hatte die Veranstaltung in der Pforzheimer Stadthalle über die Bühne gehen sollen. Ein Mietvertrag wurde bedenkenlos abgeschlossen, denn Dreher ist ein stadtbekannter Unternehmer. Außerdem war ein harmloses Vortragsthema angekündigt, nämlich »Neues Europa«. Als durch Zufall ruchbar wurde, wer der Vortragsredner sein sollte, eben der einschlägig bekannte Irving, kündigte die Stadt den Vertrag. Der Fabrikant Dreher tat so, als ließe er die Veranstaltung wirklich ausfallen, setzte sogar eine Anzeige in die Zeitung, daß der Vortrag abgesagt sei.

Das war er aber keineswegs. Man traf sich ein paar Kilometer vom zunächst geplanten Veranstaltungsort im gediegenen Rahmen eines lokal renommierten Speiserestaurants. Die Anwesenheit der Medien war nicht erwünscht. Diese Scheu vor der Öffentlichkeit hatte guten Grund, denn bei dem Vortrag ging es nicht um ein ›neues Europa‹, sondern um ein altes Thema der extremen Rechten, nämlich daß es nie Gaskammern in Auschwitz gegeben habe. Das werde er beweisen, sagte Irving unter brausendem Applaus und Bravo-Rufen.

Nicht nur Irving kam ins Badische gereist, sondern auch Ernst Zündel aus Kanada, unermüdlicher Initiator weltweiter Kampagnen für die Auschwitz-Lüge, Fred Leuchter, dessen pseudowissenschaftlicher Bericht zu den Bestsellern brauner Bücherlisten gehört, und Manfred Roeder, der auf seinem »Reichshof« in Schwarzenborn germanisches Brauchtum pflegt. Mit im Saal waren Funktionäre der NPD, der Deutschen Liga für Volk und Heimat und der Republikaner, Leo Thenn, ehemaliger Marketing-Mana-

Internationaler Revisionismus

Revisionisten werden Personen genannt, die – teilweise schon seit Jahrzehnten – die Behauptung vertreten, die Geschichte des Dritten Reiches sei nachträglich gefälscht worden und müsse daher berichtigt werden. Vom internationalen Revisionismus wird dabei vor allem unterstellt, daß NS-Verbrechen wie Judenvernichtung oder Menschenversuche in Konzentrationslagern nie stattgefunden hätten.

ger eines Waschmittelkonzerns, der Generalbevollmächtigter der Republikaner für den Bundestagswahlkampf werden soll, und der Landtagsabgeordnete Willi Auer.

Nach dem Vortrag Irvings, war Dreher voll des Lobes: »Wir haben sehr viel Interessantes gehört, und wir waren sehr fasziniert.« Dieses gekonnt organisierte Gipfeltreffen der internationalen Revisionistenszene fand am 6. November 1991 in Pforzheim-Büchenbronn statt: Ein Jahr später war Dr. Manfrid Dreher, Träger des Bundesverdienstkreuzes erster Klasse, immer noch Mitglied der CDU, trotz zweier Parteigerichtsverfahren. Während die Revisionisten sich früher im vertrauten Kreis zusammenfanden und sich gegenseitig ihre kruden Thesen bestätigten, gelingt es ihnen zunehmend, die Grenzen ihrer Insider-Zirkel zu durchbrechen. So hatte auch die FDP-nahe Thomas-Dehler-Stiftung zu einem Seminar nach Nürnberg geladen, mit dem Titel: »Der Revisionismusstreit – Neue Erkenntnisse der Geschichtswissenschaft im Widerstreit.« Dazu wurde der Schweizer Lehrer Arthur Vogt als Redner gebeten. Vor etwa 40 Teilnehmern konnte er die Menschenvernichtung in Gaskammern anzweifeln.

3. Aufmarsch im Osten

Durch den in Ländern Mittel- und Osteuropas aufflakkernden Nationalismus sehen sich deutsche Rechtsextremisten bestätigt. Mit der Bildung neuer Staaten im Osten wie der Slowakei glaubt man der Neuordnung Europas näher zu sein. Ein »Völkerfrühling« sei ausgebrochen, und man hofft, daß der Nationalismus vom Osten in den Westen überschwappt. Siegessicher gibt sich beispielsweise die Zeitschrift »Europa vorn«: »Ja, sprechen wir ruhig von Sieg. Noch besetzen die Apparatschiks des lebensfremden und lebensfeindlichen Systems die öffentlichen Strukturen, noch bedienen sie die Ventile der Macht, aber in ihren Schläuchen kreist bereits unser Wein.

Gestern noch war das Wort Heimat ein nationalsozialistischer Blut- und Boden-Begriff, den jeder ›Demokrat‹ tunlichst vermied, heute finden wir das Wort Heimat schon in der Konsumwerbung; national hieß für sie gestern noch ewiggestrig und faschistisch – heute unterstreichen alle Völker in Europa und in der ganzen Welt ihre Nationalität stärker denn je, Volkstum ist für sie ein selbstverständliches politisches Gewicht...« Die UdSSR sei nicht von Demokraten gekippt worden, sondern vom nationalen und sozialen Widerstand der Völker.

Für die extreme Rechte war die Expansion in die ehemalige DDR nur ein Zwischenstop. Das Marschgepäck steht bereit für den Weg in den ehemals deutschen Osten, nach Schlesien, Ostpreußen und Pommern. So basteln Rechtsextremisten aus Deutschland an einem Rundfunksender in Oberschlesien. Die Bemühungen liefen zuerst von Zabrze (Hindenburg) aus. Mittlerweile hat »Schlesien-Radio« – so soll der Sender heißen – ein Haus in Kadlub (Starenheim) gekauft. Die Initiative geht von dem Verein zur Förderung deutschsprachiger Medien in Osteuropa aus. Das Rundfunkprogramm soll laut einem Werbetext Hunderttausenden Deutschen neuen Mut geben und ihnen das Gefühl vermitteln, »von Deutschland nicht etwa vergessen, verraten oder verkauft« zu sein. Im Informationsdienst des »Schlesien-Radios« steht: »Leisten Sie jetzt mit uns Widerstand gegen die jahrzehntelange Unterdrückung der deutschen Sprache und Kultur im Osten Europas. Wir ermöglichen es idealistischen jungen Deutschen in osteuropäischen Staaten, ihre erfolgversprechenden Medienprojekte in ihrer Heimat zu verwirklichen.« Einer der Verantwortlichen ist Torsten Paproth aus Konstanz am Bodensee. Er kommt von der NPD und den Jungen Nationaldemokraten.

In Zabrze haben auch die Wiking-Jugend, der Bund Reichstreuer Jugend und das Deutsche Jugendbildungswerk eine Anlaufstelle. Bei ihren Schlesien-Fahrten machen sie dort Station, bringen Material mit oder auch technisches Gerät, beispielsweise Schreibmaschinen. Ernst Zündel, Propagandist der sogenannten Auschwitz-Lüge, hat ebenfalls schon eine Polen-Tournee hinter sich. In Pyskowice (Peisksetscham) sprach er vor staunenden Angehörigen der deutschen Minderheit.

Torsten Paproth, Mitarbeiter von »Europa vorn« und Pionier bei der Ostmission der extremen Rechten, reiste noch weiter nach Osten, in die Ukraine. Die Zeitschrift »Europa vorn spezial« wird jetzt dort bei »Pamjatki Ukraini« gedruckt. Das ist eine Zeitschrift in Kiew, die der Ruch-Bewegung nahesteht. So will man den ukrainischen Partnern zu Devisen verhelfen, damit sie ihre Druckerei mit westlichen Maschinen ausstatten können. Die Verantwortlichen von »Europa vorn« nehmen an, daß sich solche Solidarität langfristig auszahlt.

Freunde in der Ukraine haben auch schon andere gefunden. Eine Einladung hatte die NPD-Stadtratsfraktion von Bad Hersfeld. Republikaner-Chef Franz Schönhuber war gleich nach der Unabhängigkeitserklärung der Ukraine im Dezember 1991 in Kiew. Darüber hinaus werden Polittouristen von rechten Reiseagenturen über Zwischenstationen in Oberschlesien in die Ukraine gebracht.

Wegen des blutigen Nationalitätenkampfes und der aufflackernden faschistischen Tradition ist Kroatien mittlerweile zum Aufmarschort für Neonazis aller Nationen geworden. Dort kämpfen Deutsche, Litauer, Franzosen, Österreicher und andere. Schon im Mai 1991 hatte die kroatische Regierung eine deutsch-französische Delegation eingeladen. An ihrer Spitze: Jean-Marie Le Pen von Front National aus Frankreich. Mit von der Partie waren auch Harald Neubauer von der Deutschen Liga und Hans-Günther Schodruch, der für die Republikaner ins Europa-Parlament gewählt wurde. Neubauer sah in der Unabhängigkeit Kroatiens einen ersten Schritt zur Neuordnung Europas – erst im Osten, dann im Westen.

VIII. Ursachen

Woher kommt es, daß die extreme Rechte im Aufwind ist, nicht nur in Deutschland, sondern auch in anderen europäischen Ländern? Rechtsextremisten verfahren nach einem einfachen Rezept: Sie reduzieren komplexe gesellschaftliche Probleme auf einfache Scheinantworten, betreiben Schwarz-Weiß-Malerei und schreien Parolen, statt Lösungen anzubieten. Wir leben in einer Zeit des außerordentlich raschen Wandels. Manche Menschen empfinden Ohnmacht gegenüber für sie undurchschaubaren Entscheidungen in der Politik, gegenüber einem rasanten Technologiewandel, gegenüber einem tatsächlichen oder befürchteten sozialen Abstieg. Die komplexe moderne Welt läßt Sehnsüchte nach Identität, nach etwas, woran man sich halten kann, nach bleibenden Werten wachsen. Nationalstolz ist so ein Wert. Während man eine Wohnung, einen Arbeitsplatz, ein Auto, also materielle Dinge, die Identität stiften, verlieren kann, ist die Besinnung aufs Nationale bleibend. Den Stolz, ein Deutscher zu sein, kann niemand wegnehmen, auch nicht, wenn sich die soziale Situation verschlechtert.

Rechtsextremismus ist kein monokausales Phänomen. Wer bei der Frage nach den Ursachen rasch Antworten parat hat, der unterliegt einer Täuschung. Denn es ist ein ganzes Bündel von Faktoren, das hier eine Rolle spielt. Die Angst vor wirtschaftlichem Abstieg oder vor Arbeitslosigkeit, fehlende Lehrstellen, Wohnungsmangel oder eine wirtschaftliche Krise begünstigen einen Trend nach rechts. Zumal dann, wenn statt einer verfehlten Politik der einzelne dafür verantwortlich gemacht wird (»Wer fleißig ist, der bringt es zu was«, »Wer will, der findet auch einen Arbeitsplatz«). Wer die Erfahrung macht, daß er sich noch so sehr anstrengen kann und trotzdem keine Lehrstelle oder Wohnung findet, wer von der Gesellschaft gesagt bekommt, daß er dann eben unfähig sei, der fühlt sich ohnmächtig und ist froh, wenn ihm ein Ventil geboten wird. Dieses Angebot machen rechtsradikale Parteien, indem sie an allen Mißständen in diesem Land Asylbewerbern oder anderen Ausländern die Schuld geben – von der Wohnungsnot bis zur Kriminalität. In einem Flugblatt »An unsere deutsche Jugend« schreibt ein Pfälzer Neonazi, eine Millionenarmee Fremdrassiger sei daran schuld, daß »Hunderttausende junger deutscher Menschen einen Ausbildungsplatz-Kampf« führen müssen. Und manche glauben das.

Dennoch greift eine Erklärung, die nur wirtschaftliche Faktoren verantwortlich macht, zu kurz. Rechtsextremisten findet man quer durch alle gesellschaftlichen Schichten, soziale Herkunft oder Bildungsgrad spielen keine große Rolle, es kann sich ebenso um einen Professorensprößling wie um den Sohn eines Gelegenheitsarbeiters handeln. Es sind eben nicht nur arbeitslose Jugendliche. Die soziale Situation mag im Osten eine größere Rolle spielen als im Westen. In den östlichen Bundesländern gibt es mehr Gewaltbereitschaft, das Wählerpotential für rechtsradikale Parteien ist jedoch wesentlich geringer als im Westen. Das zeigten bisherige Wahlen ebenso wie auch entsprechende Umfrageergebnisse.

Wer also denkt, daß allein mehr Lehrstellen das Problem des Rechtsextremismus beseitigen könnten, der irrt sich. Zu den Faktoren, die für rechtsextreme Orientierungen verantwortlich sind, gehören auch schwierige Familienverhältnisse, Geborgenheitsdefizite, fehlende Leitbilder und Gleichgültigkeitserfahrungen: Wenn Jugendliche das Gefühl haben, daß ihre Eltern oder ihre Lehrer sich nicht für sie interessieren, keine Zeit für sie haben, Konsum an erster Stelle steht. Wer sich mit rechtsextremen Jugendlichen unterhält, der wird erfahren, daß Kameradschaft als Motiv hier eine sehr große Bedeutung hat.

IX. Maßnahmen gegen Rechtsextremismus

Lichterketten, Großkundgebungen, Rock gegen rechts: Solche Veranstaltungen zeigen, daß die Verhältnisse im Deutschland von heute nicht mit den Weimarer Verhältnissen gleichzusetzen sind. Hunderttausende gingen nach der Gewaltwelle 1992 auf die Straße und demonstrierten für die Menschenrechte, gegen Haß und Gleichgültigkeit. Da können Rechtsextremisten, die sich vor den Ausländerheimen als Vertreter eines nebulösen Volkswillens fühlten, sehen, daß sie nicht die Mehrheit der Bevölkerung hinter sich haben, auch wenn es Applaudierer auf den Gehsteigen und vor den Bildschirmen gab. Doch überzeugen und abbringen vom Terror lassen sich Gewalttäter durch Kerzenlichter nicht. Und den Lichter-

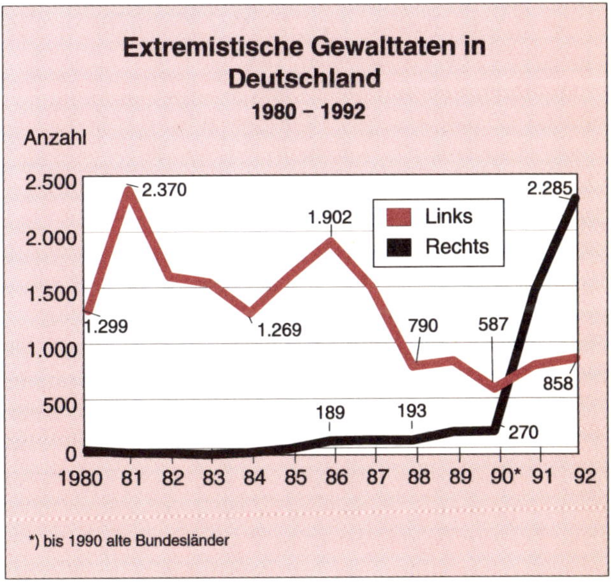

ketten stehen 8,3 Prozent Wählerstimmen für die Republikaner bei der hessischen Kommunalwahl am 7. März 1993 gegenüber. Die rechtsradikalen Parteien Republikaner, NPD, Deutsche Volks-Union, einige Freie Wählergemeinschaften und Die Bürger kamen trotz der Zerstrittenheit landesweit auf über zehn Prozent.

Dem harten Kern der gewaltbereiten Szene ist auch nicht mit sozialtherapeutischen Maßnahmen beizukommen. Hier hilft nur, daß der Staat sein Gewaltmonopol durchsetzt, anstatt sich von Gewalttätern mit flexibler Strategie auf der Nase herumtanzen zu lassen.

Auf den rechtsextremen Terror, der mit Hoyerswerda begann, hat der Staat freilich sehr spät reagiert. Politiker wetteiferten im Rufen nach schärferen Gesetzen. Doch es gibt ein breitgefächertes Instrumentarium gegen Rechtsextremisten, das nur angewendet werden muß. Das Grundgesetz umfaßt auch Artikel zu seinem Schutz wie das Verbot verfassungswidriger Vereinigungen (Art. 9 Abs. 2) oder Parteien (Art. 21 Abs. 2) und die Verwirkung von Grundrechten (Art. 18).

Das *Parteienverbot* ist in diesem Zusammenhang einmal angewandt worden (1952 gegenüber der Sozialistischen Reichspartei). Vereinigungen sind dagegen einige Dutzend verboten worden, vor allem in den fünfziger Jahren. Organisationen, die nur in einem Bundesland aktiv sind, können vom Landesinnenminister verboten werden, bundesweite Vereinigungen vom Bundesinnenminister. 1992 sind vom Bundesinnenminister neben der Deutschen Alternative die Nationalistische Front und die Nationale Offensive verboten worden, vom niedersächsischen Innenminister der Deutsche Kameradschaftsbund.

Die vom Bundesinnenminister ausgesprochenen Verbote sind umstritten, denn alle drei Organisationen haben schon an Wahlen teilgenommen. Daher ist fraglich, ob sie Parteienstatus haben oder nicht. Wenn sie nämlich Parteien sind, dann können sie nur vom Bundesverfassungsgericht verboten werden – was erfahrungsgemäß Jahre dauert – und ein Verbot des Ministers ist in diesem Fall unwirksam. Das Bundesinnenministerium argumentiert, daß diese Organisationen nicht ernsthaft die Zielsetzung verfolgten, auf die politische Willensbildung Einfluß zu nehmen und das Volk im Parlament zu vertreten. Daher sei eine Parteieneigenschaft nicht gegeben. Zum Beispiel schrieb die Nationalistische Front zur Europawahl 1989: »Die NF ist sich absolut im klaren darüber, daß die zur Zulassung zum Europäischen Parlament notwendige Fünfprozenthürde momentan nicht genommen werden kann. Die Teilnahme an der Wahl ist aber aus rechtlichen Gründen anzustreben... Wir müssen uns jedoch darüber im klaren sein, daß mit Wahlen in diesem System nichts geändert werden kann.«

Ob die Verbote nützen, bleibt abzuwarten. Ein Verbot ermöglicht nach § 2 (1) des G-10-Gesetzes die Anordnung und Durchführung von Abhörmaßnahmen. Zumindest Mitläufern wird dadurch deutlich, daß sie sich in kriminellem Umfeld bewegen. Andererseits kommt es zu einem gruppendynamischen Effekt, der harte Kern wird noch härter, und die Militanz nimmt zu. 1992 war ohnehin eine Zunahme des Konspirationsgrades in neonazistischen Vereinigungen zu verzeichnen: Sie verzichteten mehr als früher auf schriftliche und telefonische Kommunikation. Die verbotenen Gruppen gehen in den Untergrund und entziehen sich damit weitgehend der öffentlichen Kontrolle.

Kritikern ist auch nicht ersichtlich, wieso gerade diese drei genannten Vereinigungen betroffen sind. Denn mit den gleichen Argumenten wären etliche andere Gruppen, wie etwa die FAP, die Nationale Liste oder die Wiking-Jugend, auch zu verbieten.

Beispielsweise heißt es in der Verbotsverfügung des Bundesinnenministers gegen die DA vom 8. Dezember 1992:

»Die DA mißachtet mit ihrer aggressiven Agitation gegen Ausländer und Asylbewerber deren Menschenwürde durch rassistische Parolen und pauschale Ausgrenzungen. So verbreitet die DA Flugblätter mit folgendem Inhalt: ›Rassenmischung ist Völkermord‹, ›Ausländerhaß verhindern! Ausländer raus!‹, ›Schluß mit der Überfremdung – Asylanten raus!‹
In einem DA-Flugblatt mit dem Titel ›Die Ausplünderung des deutschen Volkes‹ wird auf eine ›tödliche Gefahr der Überfremdung der Deutschen‹ hingewiesen und in diesem Zusammenhang ausgeführt, ›Zum Glück sind wir Deutschen jetzt abwehrbereiter als noch vor einem Jahr.‹«

Doch »Ausländer raus, bevor der Volkszorn erwacht«, ist eine Parole der Gruppen der Gesinnungsgenossen um Michael Kühnen, die nicht verboten sind. Und eine ganze Reihe von neonazistischen Vereinen sprechen von »Demokratur« und richten sich gegen die verfassungsmäßige Ordnung. Ihnen allen blieben Verbote erspart.

Ein weiteres Argument gegen Verbote ergibt sich aus den Beobachtungen der letzten Jahre. Denn es hat sich gezeigt, daß binnen kurzer Zeit immer wieder neue Gruppen entstehen und der Nachweis einer Ersatz- oder Nachfolgeorganisation – die Voraussetzung für ein erneutes Verbot – viel Zeit kostet, wie das Gerichtsverfahren in Stuttgart gegen Gesinnungsgenossen Michael Kühnens demonstriert.

Die *Aberkennung von politischen Grundrechten* ist bisher in der Geschichte der Bundesrepublik kaum vorgekommen. Doch die Bundesregierung hat im Dezember 1992 beim Bundesverfassungsgericht einen entsprechenden Antrag gestellt. Die beiden Neonazis Heinz Reisz (Vorsitzender der Gruppe Deutsches Hessen) und Thomas Dienel (Vorsitzender der Deutsch-Nationalen Partei, DNP) sollen die Meinungs- und Demonstrationsfreiheit nicht länger dazu mißbrauchen können, ihre braunen Parolen zu verbreiten und zum Haß gegen Ausländer und Juden aufzurufen. Ein solcher Antrag ist bislang nur zweimal gestellt worden: 1952 und 1969. Beide Anträge lehnte das Verfassungsgericht nach mehreren Jahren ab. Die Verwirkung von Grundrechten, so sie das Verfassungsgericht ausspricht, hat eine starke Einschränkung für die Betroffenen im politischen Alltag (Redenhalten, Artikelschreiben, Flugblätter verfassen u. ä.) zur Folge, sie dürfen sich dann nicht mehr öffentlich zu politischen Fragen äußern, ihre Meinung verbreiten, Versammlungen besuchen oder organisieren und verlieren ihre Wählbarkeit. Das funktioniert aber nur, wenn die Behörden auch in der Lage sind, entsprechende Kontrolle und Beobachtung durchzuführen. Genau das darf aber in der Regel bezweifelt werden. So waren die Behörden offensichtlich nicht in der Lage, das Einreiseverbot gegen David Irving durchzusetzen. Zudem ist nicht ersichtlich, warum die Gesetzeskeule nun ausgerechnet die beiden angesprochenen Neonazis treffen soll, gibt es doch mindestens ein Dutzend ebenso agiler Rechtsextremisten. Manche Juristen halten auch Strafverfahren etwa wegen Volksverhetzung für viel einfacher als ein Verfahren nach Art. 18 GG, das beiden eine bundesweite Publizität sichern wird, die sie sonst nie erreichen würden.

Außerdem können *strafrechtliche Mittel* ausgeschöpft werden, wie die Vorschriften des Strafgesetzbuches auf der nächsten Seite zeigen.

Einige der genannten Paragraphen sind leicht zu umgehen, weil etwa die Verwendung verfremdeter NS-Kennzeichen nicht strafbar ist. Ein Beispiel ist der sogenannte Kühnen- oder Widerstandsgruß, der auf den ersten Blick genauso wie der Hitler-Gruß aussieht, es werden lediglich statt der ganzen Hand nur drei Finger ausgestreckt. Ähnlich verwaschen ist die Lage beim Absingen verbotener Lieder wie des Horst-Wessel-Liedes. Ebenso

Strafrechtliche Mittel

§ 85	Verstoß gegen das Vereinigungsverbot
§ 86	Verbreiten von Propagandamitteln zur Fortführung verfassungswidriger Organisationen
§ 86a	Verwenden von Kennzeichen verfassungswidriger Organisationen
§ 90a	Verunglimpfung des Staates und seiner Symbole
§ 90b	Verunglimpfung von Verfassungsorganen
§ 129	Bildung einer kriminellen Vereinigung
§ 130	Volksverhetzung
§ 131	Aufstachelung zum Rassenhaß

Entsprechendes gilt für viele allgemeine Strafvorschriften (z. B. Körperverletzung, Landfriedensbruch).

ist umstritten, ob Parolen wie »Ausländer raus!« oder »Juden raus!« im Sinne der Volksverhetzung strafbar sind oder nur in Kombination mit anderen Verstößen wie dem Zeigen von NS-Symbolen. Insgesamt gibt es diesbezüglich eine unterschiedliche Praxis.

Bei Mord, Totschlag und Brandstiftung können die Anstifter ebenso wie die Täter selbst bestraft werden. Bei Tötungsdelikten kann die Strafe bis zu lebenslanger Haft gehen. Das Verbreiten von Texten vieler Skingruppen, die offensichtlich die Tatbestände der Volksverhetzung und der Aufstachelung zum Rassenhaß erfüllen, sind lange nicht geahndet worden. Erst Ende 1992 wurden erstmals entsprechende Maßnahmen eingeleitet.

Die Bundesprüfstelle für jugendgefährdende Schriften in Bonn hat die Möglichkeit, Medien auf den *Index* zu setzen. Tut sie das, dürfen die betroffenen Bücher, Zeitschriften, Videocassetten oder Schallplatten nicht mehr an Jugendliche verkauft werden, und es darf auch nicht dafür geworben werden. Andererseits verstärkt die Indizierung die Attraktivität solcher Produkte, die dann auch noch »den Reiz des Verbotenen« haben und um so höhere Verkaufszahlen erzielen. Zweitens zeigt die Praxis der Vergangenheit, daß indizierte Broschüren eben illegal weiter verbreitet werden: So hat die Auschwitz-Lüge von Thies Christophersen trotz Indizierung eine Auflage von über 100.000 Exemplare erreicht.

Polizei, Justiz und Verfassungsschutz können den Kampf gegen den Rechtsextremismus nicht allein führen. Der Schwerpunkt muß auf der politischen Auseinandersetzung liegen. Auch Schulen und andere Bildungseinrichtungen sind ebenso gefordert wie die Jugend- und Sozialarbeit. Mittlerweile gibt es immerhin eine Reihe von Projekten im Aktionsprogramm gegen Aggression und Gewalt des Bundesministeriums für Frauen und Jugend, die Angebote an gefährdete Jugendliche machen.

Weiterführende Literatur

GRUNDLAGEN:

Assheuer, Thomas/Sarkowicz, Hans: Rechtsradikale in Deutschland. Die alte und die neue Rechte. München [2]1992.

Dudek, Peter/Jaschke, Hans-Gerd: Entstehung und Entwicklung des Rechtsextremismus in der Bundesrepublik. Zur Tradition einer besonderen politischen Kultur, 2 Bde.. Opladen 1984.

Benz, Wolfgang (Hrsg.): Rechtsextremismus in der Bundesrepublik. Voraussetzungen, Zusammenhänge, Wirkungen. Frankfurt am Main 1989.

Bundesministerium des Innern: Gewalt von rechts. Beiträge aus Wissenschaft und Publizistik. Bonn 1982.

Faller, Kurt/Hahn, Reinhard/Zeimentz, Rainer (Hrsg.): Dem Haß keine Chance. Wie ist die Gewalt zu stoppen? Köln 1993.

Institut für Sozialforschung (Hrsg.): Aspekte der Fremdenfeindlichkeit. Beiträge zur aktuellen Diskussion. Frankfurt am Main 1992.

Seeliger, Rolf (Hrsg.): Grauzone zwischen Union und der Neuen Rechten. Personen, Institutionen, Identifikationen. München 1990.

Wagner, Bernd (Hrsg.): Extrem. Bewegungen, Parteien und Medien, Leute und Programme. Berlin 1993.

EINZELNE PARTEIEN:

Stiller, Michael: Die Republikaner. Franz Schönhuber und seine rechtsradikale Partei. München 1989.

Jaschke, Hans-Gerd: Die »Republikaner«. Profile einer Rechtsaußenpartei. Bonn [2]1993.

Kühnl, Reinhard/Rilling, Rainer/Sager, Christine: Die NPD. Struktur, Ideologie und Funktion einer neofaschistischen Partei. Frankfurt am Main 1969.

Wagner, Peter M.: Die NPD in der Kommunalpolitik. Ursachen der Erfolge einer rechtsextremistischen Partei in Villingen-Schwenningen. Freiburger Schriften zur Politikwissenschaft 3, Arnold Bergsträsser Institut. Freiburg im Breisgau 1992.

RECHTSEXTREMISMUS IM VEREINTEN DEUTSCHLAND:

Farin, Klaus/Seidel-Pielen, Eberhard: Rechtsruck. Rassismus im neuen Deutschland. Berlin 1992.

Butterwege, Christoph/Isola, Horst (Hrsg.): Rechtsextremismus im vereinten Deutschland. Randerscheinung oder Gefahr für die Demokratie? Bremen [3]1991.

Harnischmacher, Robert et al.: Angriff von rechts. Rostock/Bornheim/Roisdorf 1993.
Schmidt-Holtz, Rolf (Hrsg.): Unheil über Deutschland. Hamburg 1993.
Schröder, Burkhard: Rechte Kerle. Skinheads, Faschos, Hooligans. Reinbek 1992.

INTERNATIONALER RECHTSEXTREMISMUS:

Goldmann, Harald/Krall, Hannes/Ottomeyer, Klaus: Jörg Haider und sein Publikum. Eine sozialpsychologische Untersuchung. Klagenfurt 1991.
Gress, Franz/Jaschke, Hans-Gerd/Schönekäs, Klaus: Neue Rechte und Rechtsextremismus in Europa. Opladen 1990.
Kirfel, Martina/Oswalt, Walter (Hrsg.): Die Rückkehr der Führer. Modernisierter Rechtsextremismus in Westeuropa. Wien und Zürich 1989.
Frischknecht, Jürg: »Schweiz wir kommen«. Die neuen Fröntler und Rassisten. Zürich 1991.
Busch, Thomas/Fasching, Rosina/Pillwein, Christian: Im rechten Licht. Ermittlungen in Sachen Haider – FPÖ. Linz 1991.

JUGENDLICHE:

Heitmeyer, Wilhelm: Rechtsextreme Orientierungen bei Jugendlichen. Empirische Ergebnisse und Erklärungsmuster einer Untersuchung zur politischen Sozialisation. Weinheim und München 1987.
Farin, Klaus/Seidel-Pielen, Eberhard: Skinheads. München 1993.

KONZEPTE GEGEN GEWALT:

Faller, Kurt / Hahn, Reinhard / Zeimentz, Rainer (Hrsg.): Dem Haß keine Chance. Wie ist die Gewalt zu stoppen? Köln 1993.
Informationsdienst AGAG: Projekte im Aktionsprogramm gegen Aggression und Gewalt; hrsg. vom Institut für Sozialarbeit und Sozialpädagogik e.V., Frankfurt am Main, und dem Informations-, Fortbildungs- und Forschungsdienst Jugendgewaltprävention (IFFJ). Berlin 1992.
Baensch, Torsten: Jugendlichen Raum lassen? Maßnahmen und Projekte gegen national-autoritäre Orientierungen und rechtsextremistische Tendenzen. Landeszentrale für politische Bildung. Hamburg 1992.

Stichwortregister

Verzeichnis der Grafiken

* Angaben des Bundesamtes für Verfassungsschutz, Stand 15. Januar 1993. Diese Zahlen waren bei Redaktionsschluß noch nicht mit dem BKA abgestimmt.